教室で話したい
出会いと別れの話

山口 理【著】
永吉カヨ【絵】

いかだ社

はじめに

出会いと別れ……。人は生きている間に何度、この〝儀式〟を繰り返していくのでしょうか。当然、私自身もこれまで幾度となく、この儀式を経験してきました。友との別れ。住み慣れた街や家との別れ。そして、愛する人たちとの、身をちぎられるようなつらい別れ。しかしその裏側にある、新しい人々や、美しい風景との出会い。

出会いと別れ。それは最も、人の心が激しく揺れ動く瞬間でもあります。言い換えれば、最も人間らしい感情に火がつく時、と言うことができるでしょう。

この「感情の揺れ幅」が極端に小さくなっていると言われる現代。そこに生きる子どもたちには、ぜひ、この人間らしい心の揺れを取り戻してあげたいものだと、私は思っています。そしてそれが、我々大人としての役目だとも思うのです。

本書がそのための一助となれば、作者としてこれ以上の喜びはありません。

山口　理

家出をしてきま～す！

ぼくは一也《かずや》。小学校一年生の石橋《いしばし》一也。ぼくは今から、家出をするんだ。だってぼく、もう、頭に来ちゃってる。おかあさんったら、ぼくが何かをしようとすると、必ずそれを注意する。おとといだって、ぼくが外から帰ってきて、手を洗おうとしたら、「かずちゃ～ん。手を洗いなさい」って言った。昨日は、ぼくが宿題をやろうかなって、ランドセルに手を伸ばしたら、「いいかげんに宿題やったらどうなの」って怒った。今日もあった。それも、ついさっきのことなんだ。おかあさんがサンダルをはいたから、（洗濯物を干すのかな）と思って、「ぼくも手伝うよ」って言おうとしたとたん、「まったく、洗濯物を干す時くらい、手伝ってくれると嬉しいんだけどなあ」なんて、グチグチ言ったんだ。だから、「今、やろうと思ってたんだよ」って言うと、「調子いいこと言うんじゃないの」って、まだまた怒る。怒りたいのはこっちだ

よ。

おかあさん、ぼくはいえでをしてきます。どうしてかっていうと、ぼくはおこってるからです。四ごうこうえんにはいません。さようなら。よっちゃんからでんわがきたら、あした、あそぼうっていってください。あと、れいぞうこの〝やきぷりん〟はたべないでください。それじゃあ、もうおわかれです。いってきます。さようなら。

ぼくはリュックに、コアラのマーチと、チョコクッキーと、よっちゃんいかを入れ、それから水筒にはペットボトルのお茶を入れた。おっと、お金もたくさん持って行かなくちゃ。おかあさんが、お買い物から帰ってこないうちに、早く出発しよう。

ぼくは、玄関から胸を張って、外へ出ていった。

(どうだい。ぼく、家出するんだぞ)

ちょっといい気分。だけど薬屋さんの角を曲がったら、いやな気分になった。

「おにいちゃ～ん、どこ行くの?」

うわっ、妹の里奈《りな》だ。

「どこへ行くか、そんなのわかんないよ。なにしろ、家出なんだからな」

「あー、いいなあ。里奈も行くう！」

「だめだめ。里奈みたいに小さい子は、まだ家出をしちゃいけないんだ」

「いやだあ。里奈も行くう！」

　いくら言っても、いうことを聞かない。

「しょうがないな。その代わり、絶対、お兄ちゃんから離れたらだめだぞ」

「わかった。わあい、家出だ。家出だ」

　駅まではまだ遠い。バスに乗っていくとお金がかかるから、歩いていくんだ。

「お兄ちゃん、おんぶ」

「だめだよ。そんなことじゃ、家出をする資格はないぞ。はい、歩く、歩く」

　ぼくだって、足が痛い。でも歩くんだ。これくらいがまんできなくちゃだめだ。

「お兄ちゃん、おなかすいた」

　そういえば、ぼくもすいた。しまった。お昼ご飯を食べてから家出をしてくればよかった。

駅に着くまで、おなかがもつかなあ。

　コンビニまで歩いたら、肉まんのケースが見えた。

「……」

里奈が、肉まんの前から離れない。指をくわえて、じっとホカホカの肉まんを見てる。

「しょうがないなあ。じゃあ、一つだけだぞ」

ぼくはサイフからお金を取り出す。

「肉まん、二個くださぁい」

ペコペコのおなかに、肉まんは最高だった。また歩き出す。

「もうすぐ駅だぞ。がんばれよ」

「……のどがかわいた」

水筒を取り出す。お茶の残りが、ポタッとたれた。そういえば、歩きながらずいぶん飲んだもんなあ。なにしろ、一人分しか用意してこなかったんだから、しかたない。

「がまんしろよ。駅へ行ったら、水がのめるからな」

「ダメだよ。駅、工事してるから、今は水が出ないんだよ」

あ、そうか。じゃあ、がまんするしかないんだ。

「のどがかわいたよう」

里奈がそんなこと言うから、ぼくまでかわいてきちゃったじゃないか。

「しょうがない。それじゃ、一本だけ買おう。二人で半分こだぞ」

里奈は急に元気になった。自動販売機で、オレンジジュースを一本買って、二人で分けた。

冷たくて、キューッとする。

「ああ、おいしい。さあ、あとは駅までがんばるぞ」

ジュースで元気になったぼくと里奈は、駅まで走っていった。

「えーと、どこへ行こうかな。となりの駅まで二人分だと……」

指を折って計算していると、駅員さんが出て来て聞いた。

「どこまで行くの？」

「一番安い駅まで、二人分ください」

そう行ってぼくは、サイフの中身を駅員さんに見せた。

「ふーん。でもこれだと行ったきりで、帰りのキップ代がなくなるよ」

えーっ、それじゃだめだ。そんなことしたら、ここまで歩いてきた何倍も歩かなくちゃならないもの。

「しょうがない。帰ろうか、里奈」

「ウン、帰ろう、帰ろう」

ぼくと里奈は、来た道をとぼとぼと帰り始めた。

「お兄ちゃん、つかれたよう」

里奈は半べそをかいている。しかたないので、おんぶをしてあげた。

「里奈ね、楽しかったよ。また家出しようね」

じょうだんじゃない。家出なんてもう、こりごりだ。ううっ、重いよう。

「ただいま～。あのね、お兄ちゃんと家出してきたの」

「あら、もう帰ってきたの？　ちゃんとおやつの時間に間に合うなんて、調子のいい家出ね。はい、たこやき」

ぼくの〝初家出〟は、こうして終わった。つかれたよ～。

待っていたルナ

ぼくは反対だった。

「いやだよ、引っ越しなんて。友だちがたくさんいるのに」

「でもなあ、浩介《こうすけ》。他に方法がないんだよ」

父の仕事の都合なのだという。ぼくは抵抗した。何とか引っ越しを中止させたかった。

引っ越し先は大阪。ぼくの住んでいる東京とは、あまりにも離れすぎている。そしてそこで住むことになっているのは、会社の社宅。〝家族で住むこと〟が条件なのだという。

「浩ちゃん、仕方ないのよ。社宅なら安く入居することができるし」

「だけど、だけどさあ……」

あとは言葉にならなかった。友だちとは別れたくないけど、わが家の事情もわかる。

「ルナは……。ルナは大丈夫なんでしょ？　一緒に住めるよね」

ぼくは半分、覚悟を決めた。いくら反対したって、どうにもならないことはわかっているんだ。今まで通り、家族が一緒に暮らせるなら……。でも、母の返事はぼくのかすかな希望さえ、バッサリ断ち切った。

「それがねえ。ペットは飼えないことになっているらしいのよ」

「ええっ！　ルナは猫だよ。犬じゃないよ。家の中でおとなしくしてるだけなんだよ！」

「それでもだめなの。だれかに飼ってもらうか、それがだめなら保健所へ連れて行くか」

保健所へ連れて行けば、その先がどうなるかはわかり切ったことだ。翌日からぼくの、飼い主探しが始まった。だけどだめだった。いくら友だちにお願いしても、もうおばあさんに近いルナのことなんか、だれも見向きもしなかった。

そしてとうとう別れの時が来た。たくさんの友だちに見送られ、ぼくとぼくの家族は、住み慣れた家を後にした。結局、ルナを引き取ってくれる人はだれもいなかった。そんなある日、ルナは突然、ぼくたちの前から姿を消した。

「わたしたちの気持ちが、ルナにはわかったのねえ……」

母がそっとため息をつく。こうしてぼくたち一家は、大阪で暮らすことになった。

時のたつのは本当に速い。学校にも土地にも慣れてきたと思ったら、もう四か月近くの月日が流れすぎていた。思ったよりもずっと早くやってきた夏休み。そんなある日、ぼくは父が、仕事で東京へ出張することを耳にした。

「おとうさん、東京へ行くの？　だったらぼくもついてく。ねえ、いいでしょ？」

〝友だちに会いたい！〟ぼくは、返事を渋っている父に、しつこくつきまとった。

「わかったよ。でも仕事で行くんだから、浩介を遊びに連れて行く暇なんかないぞ」

「わかってるって。ぼくは、ケンちゃんたちと遊んでるから、安心して仕事してていいよ」

実はもう、いろんな友だちと遊ぶ約束を決めちゃってるんだ。そしてその日が来た。ぼくとおとうさんは、朝早い新幹線に乗って東京へと向かった。

「いいか、浩介。夕方の五時には、ちゃんとこの駅のタクシー乗り場で待ってるんだぞ」

ぼくは、めちゃくちゃ元気いっぱいに、オッケーサインを出した。

「おーっ、こうちゃん。ひっさしぶり〜！」

ケンちゃんだ。久しぶりに見る顔なのに、ちっともそんな気がしなかった。

「どや、元気やったか？」

わざとらしい関西弁で話しかけてくる。

「へへっ、まあな」

ぼくはケンちゃんと会えたうれしさで一杯。照れ笑いでそれを隠すのがやっとだ。

「まあとりあえず、おれんちへ行こうぜ。かあさんも、楽しみにしてるんだ」

ケンちゃんが、ぼくの手荷物をグイッと引っ張る。ぼくたちは、ケンちゃんの家でおしゃべりした後、お昼をごちそうになって、四号公園へ直行。あとはサッカーでクタクタになるまで遊んだ。

楽しい時間はあっという間に過ぎる。公園の大時計が四時半を指した。

「そろそろ行かなくちゃ。父さんと五時に待ち合わせてるんだ」

ぼくたちは、汗まみれの顔で再会を誓った。さてと、今度は駅に向かってダッシュだ。

「おっ、早かったな、浩介」

走ったかいがあった。父より早く、駅に着いたんだ。これから、さっき思いついた〝突然のお願い〟をするんだから、遅刻するわけにはいかない。

「おとうさん。ホテルへ行く前に、ちょっと寄りたいところがあるんだ」

父は「どこだ?」と首をひねる。ぼくが行きたいのは、三月まで住んでいた元の家。せっかく東京へ来たんだし、ひと目見てみたくなったんだ。

「自分が暮らした家に他の人が住んでいるところなんか、見ない方がいいと思うぞ」

父はそう言ったけど、ぼくは気持ちを変えなかった。やれやれと、あきれ顔をしながらも、父はタクシーを遠回りさせてくれた。

「ほら、明かりがついてる。小さい子がいるのかな?」

ぼくが住んでいた頃にはなかったレースのカーテンが、出窓をおしゃれに飾っている。玄関には補助輪つきの自転車……。と、その時だ。ぼくの胸が、トクッと小さな音を立てた。

「ルナ? まさか。……す、すいません。ちょっと止まってください!」

ぼくはつい、大声を上げてしまった。見間違うはずがない。やせ細ってはいるが、ぼくが今見たのは確かにルナだ。急いでタクシーを降りる。父も料金を支払って降りた。

「ルナ!　どこだよ、ルナ!」

ちょっと声をひそめながら、ぼくは懸命にルナを呼び続けた。すると、植木の間から、見覚えのある姿が現れた。

「ルナ!　どうしたんだお前。いったいどうしてこんなにやせちまったんだよ!」

するとルナは、「ニャア」と、消え入りそうな声で鳴いて、ぼくの腕の中によろよろと倒れこんだ。

「あのう……。どうかしましたか?」

ぼくの大声に、家の中から女の人がおそるおそる顔をのぞかせた。父が事情を説明する。するとその女の人は、重苦しいため息をひとつついて、こう話を始めた。

「このネコ、どうしてもここから離れようとしないんです。わたしたちが飼おうと思っても、近寄ってきません。エサを置いても食べないんです。きっと、あなたたちが帰ってくると信じて、じっと待ち続けていたんでしょうね」

「そうなのか?　そうなのかい、ルナ」

ルナは、ぼくの腕の中で、もう一度「ニャア」と小さく鳴いた。

「よしっ！」

　突然おとうさんが大声を上げたから、ぼくは後ろにひっくり返りそうになった。

「社宅を出よう。安い借家でもさがして、ルナと一緒に暮らそう。きっと今より狭い家になっちゃうと思うけど、それでもいいか？」

　ぼくは、何度も首を縦に振った。何かを言ったら、涙があふれそうな気がしたんだ。

「よかったな、ルナ。また一緒に暮らそうな」

　ルナはしっかり、「ニャア」と返事をした。

再会横町

帰りがすっかり遅くなってしまった。学校へ大切な忘れ物を取りに行ったからだ。

「うわ～、こりゃ急いで帰らなくちゃ」

ぼくは足を速めた。空はもう、オレンジ色に変わり始めている。

「まったくもう、幸希《こうき》のやつが帰りを急がせるから、忘れ物しちまったんだぞ。あいつめ、明日会ったら……」

ブツブツつぶやくぼくの足が、ピタリと止まった。

「あれ？　今まであったっけ、こんな路地」

急いでいることも忘れ、ぼくはこの細い路地に大きな興味を持った。

「どうして今まで気がつかなかったんだろう」

首をコクンと傾げながら、ぼくはそっとこの路地に入りこんだ。入りくんだ家と家の間を抜ける、幅一メートルくらいの薄暗い道だ。ぼくの足音が石ころだらけの地面から、ザクッザクッと響いてくる。二、三分ほど歩くと、ふっと視界が開けた。

「……どこなんだ、ここはいったい」

ひゅうと風が吹いた。古びた店が何軒か並ぶ通りに出た。「商店街」というには、あまりにさびしい通りだ。道行く人もまばらな、空気がカラカラに乾いた感じの通り。

「あ、あの……」

ひとりの男の人が、ぼくの横を通り過ぎる。声をかけたが、こちらをチラリとも見ない。片足を引きずりながら、ゆっくりと遠ざかっていく。

「なんだ、無視しやがって」

ぼくはちょっとムッとしながら、通りを歩く。と、前の方に人影が見えた。

「おばあさん……かな?」

確かにおばあさんだ。けれど、ただのおばあさんではなかった。その姿、歩き方、背格好。どこか見覚えのあるおばあさんなのだ。

(お、おばあちゃん? まさか……)

けれど、やっぱりどう見ても、三年前に死んだぼくのおばあちゃんなのだ。着ている着物まで、おばあちゃんがいつも着ていたものと同じ柄。けれどその〝おばあちゃん〟は、ここにいるぼくに目もくれず、ただじっと前を見て、狭い歩幅で歩き続けるだけなのだ。

「おばあちゃん!」

呼びかけても反応はない。まるでぼくなんか、この場に存在していないかのように。やがておばあちゃんの姿は、点のように小さくなり、そしてぼくの視界から消え去った。

(他人のそら似……ってやつだったんだろうか。)

ぼくは、空を仰いで一度大きく深呼吸をした。と、その時だ。ぼくの目に、一匹の茶色い犬が飛びこんできた。古びた時計屋の陰から、じっとぼくを見ている。

「アンナ!」

見間違いじゃない。アンナだ。ずっと可愛がっていた、ぼくの愛犬。目のまわりの黒い模様。先だけ白いしっぽ。それになにより、ぼくが自分のお小遣いで買った、黄色い首輪をしている。……でも待てよ。アンナは去年、死んだはずじゃないか。そうだ。朝の散歩の途中で、突然倒れたんだ。そのアンナがどうしてここに……。

「アンナ！」

ぼくは、思わず大声をあげていた。

〝アンナ〟は、ちょこんと首をかしげてしっぽを振っている。ふいに、頭の上で何かが鳴いた。見上げると、三羽のカラスが家の屋根すれすれの高さで飛んでいた。ねぐらへ帰るのだろうか。

視線を元に戻した。

「あれっ？　アンナ」

するとアンナはもう、どこにもいなかった。ぼくは何となく、こんな気がした。

（ここは、会いたい人や動物に会える場所。もうこの世にはいない人たちに……）

そしてこんな思いもわき上がってきた。

「だったら、ゆうちゃんにも会えるはずだ」

仲よしだったゆうちゃん。小さい頃、よく一

緒に遊んだゆうちゃん。たった五歳でこの世を去ってしまったぼくの友だち。

ぼくは通りを走った。

(きっとどこかに、ゆうちゃんがいるはずだ)

大声でゆうちゃんの名前を呼びながら、ぼくは息の続く限り走り回った。道行く人は誰も、そんなぼくのことを気にかける様子もない。ただ、透明なフィルムを横切る陽炎のように、ゆらゆらと歩いているだけ。

ゆうちゃんはどこにもいなかった。すっかり疲れ果てたぼくは、荒い呼吸を抱きかかえたまま、灰色の地面に座りこんだ。気がつけば、その地面にぼくの体がくっきりと影を落としている。街灯に灯がともったのだ。

「もう、帰らなくちゃ」

そう思って立ち上がったぼくだったが、帰り道がわからない。何も考えず、夢中になって走り回ったのがいけなかったんだ。

「よわったな。このままじゃ、夜になっちまうぞ」

心臓が一気に速い鼓動を打ち始める。と、その時だ。ぼくは一本の電柱の陰で、手招きをしている小さな男の子に気がついた。

「ゆう……ちゃん？　そうだ、ゆうちゃんだ！　やっと見つけたぞ」

ところがぼくが近づくと、ゆうちゃんはフッと姿を消した。そして別の電柱の陰で、同じように手招きをする。近づけばまた、別の電柱へ。その電柱へ行けばまた別の電柱へ。

「ゆうちゃん、どうしたんだよ。話をしようよ、ねえ！」

けれどゆうちゃんは、いつまでたっても同じことを続けるばかり。空には一番星も出た。ぼくがあきらめかけたその時、ゆうちゃんの手の動きがさっきまでと変わった。〝おいでおいで〟の手招きではなく、〝さよなら〟の動きになった。そして、ちょっと悲しそうな顔になった後、にっこり笑ってすうっと消えた。

「ゆうちゃん……」

ゆうちゃんが最後に手を振った場所は、確かにぼくがこの横町に入りこんだ路地だった。もう、まっ暗になったその路地に飛びこむ。ほんの少し歩くと、いきなりぼくの家の近くの通りに出た。

「ただいま！」

ぼくは、シチューの匂いが漂う、わが家に戻った。

それ以来、不思議な横町に抜けるあの路地は、二度と見つからなかった。

ジョイスに会いたい

ぼくの家は、街の小さなレストラン。その名は「ポテト亭」。最初にその子がやってきたのは、ある雨の土曜日だった。

「ブレンドとレモンスカッシュ、ください」

オーダーの声を飛ばすのは、その子のおかあさん。（だと思う）

「……いいお店ね。ジョイスもそう思わない？」

そのおかあさんが、テーブルに頬杖をつきながらつぶやく。

（ジョイス？　この子、日本人じゃないのか。うーん、中学生……くらいかな）

スラッとした長い脚に彫りの深い顔。はっきり言って、ものすごくかっこいい。

「うんうん。すごくいいよ、このお店」

なんだ、まるっきりの日本語。〝ジョイス〟という名前と、なんかちぐはぐ。最近、引っ越ししてきたんだろうか。今日、初めて見かける二人だ。

ふいに目があった。ぼくが視線を外そうとしたら、その〝ジョイス〟はにっこり微笑んだ。ドキッ！　一瞬、顔がカッと熱くなる。

それから後も二人は、雨の休日に限って〝ポテト亭〟にやってきた。そしてジョイスは必ず、レモンスカッシュを注文するのだ。

「お近くなんですか？」

四度目の来店の時、母がジョイスのおかあさんにそう尋ねた。

「ええ、車で五分くらいかしら。ねえ」

ジョイスの方に向き直る。ジョイスも軽くうなずいた。そんな近くに住んでるのか。

「あなた、このお店の子？」

ふいにジョイスがぼくに聞いた。

「あ、ああ、そうだけど」

「あたし、ジョイス。よろしくね」

なんて積極的なヤツ。ぼくは、ピョコッと首を動かしただけで、店の奥へ引っ込んでしまった。うーむ、情けないぞ。

　五度目の来店も、雨の日だった。ただ、この日はそれまでの四度とは大きく違った。

「ねえねえ、こっちでお話ししない？」

　ギョッ！　いきなりジョイスがぼくに話しかけてきた。どうしていいか、わからない。すると、ジョイスのおかあさんが、「いらっしゃいよ」と手招きをする。モジモジとテーブルにつくぼく。

「あなた、何年生？　あたしは五年生よ」

（なな、なんだって。ぼくと同じ学年？　マジかよ〜）

　完全にジョイスのペースで時間が流れ過ぎていった。

（ジョイスか……。へんなやつだよな。あんな図々しいヤツ、初めてだよ）

　その夜、ベッドの中でぼくは昼間のひとときを思い出していた。長いまつげにロングヘアー。くるっとした瞳にスッと通った鼻筋。なんだか、ポスターから抜け出したみたいな女の子だ。本当に、ぼくと同じ学年？　あんなにきれいで、かっこいいのに……。

　何だか、今までに味わったことのない感覚が、ぼくの全身をグルグルと駆けめぐった。

それからぼくとジョイスは、雨の休日にポテト亭のかたすみで話をすることが、何度かあった。それまでのぼくは、雨が降ればテレビゲームと決まっていたのだが、ジョイスが現れてからは、それが一変したのだ。

ある日のこと、ぼくは愛犬のチャッピーを散歩させていた。

「おうっ、一樹《かずき》。サッカーのメンバーが足りないんだ。入ってくれよ」

公園の横を通ったとき、クラスメイトの智明《ともあき》が声をかけてきた。ぼくはどうしようかとちょっと迷ったが、結局チャッピーをフェンスの角につなぎ、メンバーに加わった。

試合は大接戦。逆転に次ぐ逆転で、どうにかぼくたちのチームが勝利を収めた。とその時、公民館のスピーカーから聞き慣れた放送が流れてきた。

【よい子のみなさん。もう、うちへ帰る時間ですよ】

ゲッ、ま、まずい！　うちのおかあさん、帰宅時間にはめちゃくちゃ厳しいんだ。うわあっ、大変だぁ！　ぼくはダッシュで、家に帰った。

「やったあ、セーフ。ギリギリ間に合ったぞ」

息を切らせたぼくを、おかあさんが不思議そうな顔で見た。

「チャッピーもそんなに走らせたわけ?」

しまった! チャッピーのことをすっかり忘れていた。ぼくは、もう一度ダッシュするはめになる。ところが、ここでとんでもないことが起こった。なんと、つないだはずの場所に、チャッピーがいないのだ。ぼくの体から、サーッと血の気が引いた。

(どうしよう。ぼくのせいだ。チャッピーが誘拐された……)

あたりはすっかり夕闇に包まれ、家々の窓にも明かりがともり始めた。ぼくは何をどうしていいのかわからず、ただ、オロオロするばかり。と、その時だった。

「チャッピーはここだよ。だめじゃん、ほったらかしにしといちゃ」

ジョイスだった。ジョイスがチャッピーのリードを持って、公園の入り口に立っていた。

「おい、おどかすなよ。何だよ、勝手に連れて行くなよな」

ぼくの言葉に腹を立てたのか、ジョイスは「なによ!」と言っただけで、手にしたリードをポンと放り投げた。そしてくるっと背中を向けて走り出す。

「おい、待てよ。待てってば! ……なんだあいつ、ヘンなやつ」

そしてそれが、ぼくとジョイスの最後の会話になった。

それ以降、いくら休日に雨が降っても、ジョイスは現れなく

なった。そんなある日、ぼくはテレビを観ていて、目玉が飛び出るほど驚いた。

「ジョイス！　ジョイスじゃないか！」

テレビの画面には、ある映画のCMが流れていた。そしてそこに映っていたのは、紛れもない、あのジョイスだったんだ。

数日後、店に来るお客さんの一人から、こんな話を聞いた。

「あの子は将来有望な子役で、いい女優になることは間違いない。今回は長期ロケで、このあたりのウイークリーマンションに泊まり込んでいた」って。そんな話、どうしても信じられない。たったひとつ確かなことは、うちの店で雨の日にレモンスカッシュを注文する客が、いなくなったということだけ。

ぼくは、ジョイスとの日々が、あんな形で終わってしまったことが、たまらなく悔しかった。

(ぼくが怒らせたからどこかへ行ってしまった……）と思ったこともあったが、それはたぶん、いや、絶対に思い過ごし。

「ジョイスに会いたいなあ……」

このごろのぼくは、無意識のうちにそんなことをつぶやいている。今日も雨降りなのに、ジョイスの姿はどこにもない……。

さかだちの街

太平洋戦争

街が逆さに見えた。

「よしっ、そこでバランスをとって。ハハハ、うまいうまい」

このごろの日課。夕方になるとわたしと父は、この土手に来る。そしてわたしは父にさかだちを教わる。父は教える。

「どや、幸子《さちこ》。街をさかさに眺める気分は」

「うーん、何だかコウモリになった気分やなあ」

コウモリっていつも、こんな気分で人間たちの街を見つめているんだろうか。何度かさかだちの練習をした後は父の隣へ座って、今度は人間の目で街の景色を眺める。夕焼けが、父の無精ヒゲを赤く染めていた。

「あたりまえの風景でも、さかさまに見るとまるで違ったものに見える。つまらなかったものがおもしろく見えたり、気づかなかったことに気がついたり。……まあ、人が生きていくっていうことも、こういうことや」

父は時々、わけのわからないことを言う。そしてわたしがその意味を尋ねても、ただ笑うばかりで答えてはくれない。その代わりに、わたしの頭をくるくると二回なでるのだ。五歳のわたしに説明してもわかりっこない。そう思ったのだろう。

この時、日本は戦争のまっただ中。しかしわたしの父は体が弱く、招集がくることはなかった。

「お父ちゃんに赤紙が来るようになったら、日本はもうおしまいや」

そう言って、遠くの空を見つめるのだった。そんな父に世間の目は冷たかったが、わたしは嬉しかった。友だちの父親はどんどんいなくなるのに、わたしの父はずっとそばにいてくれるのだから。

しかし戦況はますます悪化し、ある日とうとう父にも赤紙が来た。

「お父ちゃん、兵隊さんに行くん？　お父ちゃんが行くようになったら、日本はおしまいや言うとったやないの。行ったらいけん。行ったらいけんよう！」

けれど父は、ニコニコ笑ってまた、わたしの頭をくるくるっとなでた。

それから数日後、白いたすきをかけた父は、バンザイの声の中で戦争に行った。

ある日、いつものように土手の上でさかだちをしていたわたしの目に、たくさんの飛行機が映った。

「飛行機もさかさに見ると、なんや蚊とんぼみたいで、かわいいなあ」

次の瞬間、町中にけたたましいサイレンの音が鳴り響いた。土手の上から見ると、あちらこちらから火の手が上がっている。

「く、空襲や。急いで帰らんと……」

息を切らせて家の方向へと走るが、津波のような群衆がわたしの小さな体を反対方向へ押し流す。

「わたしの家はあっちなんよ。帰らせて！　帰らせてえよ！」

「そっちへ行ったらいけん。危ないからいけんて！」

見知らぬ人が、わたしに向かってどなる。

「でも、うちはあっちやもん。帰りたい。帰りたいんもん」

ゴウッと音を立てて、道に面した家が焼け落ちた。と、その時だった。

「まさえ！　なにしてんの！」

一人の知らない女の人が、いきなりわたしを抱えて走り出した。

「ちがいます！　わたし、まさえさんやあらへん。さちこです！」

いくら叫んでもむだだった。その人は走りながらわたしのほっぺをゴシゴシとこする。

「まさえ。よう無事だったねえ、まさえ」

（こ、この人、おかしくなっとる……）

わたしは思い切り足をばたつかせて、どうにかその腕の中から抜け出した。

「うちへ帰るんよ。おかあちゃん、にいちゃんが待っとるんや」

走り出したわたしは、またもだれかの腕につかまった。

「さっちゃん。そっちへ行ったらあかんよ」

おばさんだった。近所に住んでる母の妹。

「そやけど、うちが……。おかあちゃんも、にいちゃんも」

「家はもうあかん。すっかり火の中や。お、おかあちゃんとおにいちゃんなあ、きっと逃げとる。無事や。だからさっちゃんも逃げんと。さ、はよう！」

それだけを一気にまくしたて、おばさんはわたしの手を握ったまま、流れに身を任せた。


それから三日間。わたしはおばさんと、その娘さんのもとで過ごした。小さな橋の下や、空き地に転がった土管の中で、どうにか難を逃れた。

「おばちゃん、うち、戻ってみたい。家に戻ってみたいんや」

わたしは遠慮気味に、そんなことを口にした。きっと怒られるだろうと思ったのに、おばさんは思いのほかあっさりと、首を縦に振った。

「ほら見てごらん。おうち、ないやろ。さっちゃんちも、おばちゃんちも、みーんな、ないようになってもうたんや。みーんな一緒や」

わたしが見たのは一面の焼け野原。ところどころから立ち上る煙が、静けさを一層、際だたせていた。

それから間もなく、戦争は終わった。昭和二十年八月十五日。その日の夕方、わたしはあの土手に一人で行ってみた。

「お父ちゃん、きっと帰ってきてな」

勢いをつけて、えいっとさかだちをする。あの日と同じ夕焼け空だった。けれど隣に父はいない。思わず流れた涙がおでこを伝って、ぽたりと落ちた。

戦争が終わっても、誰一人帰ってくるものはいなかった。母も兄も、そして父も……。


あれから長い長い年月が走り去った。わたしはもうすっかりおばあさん。あの日からわたしはずっとおばさんの家にいて、やがて家族の一員になった。そのおばさんも、ずっと前にこの世を去った。数え切れないほどの出会いと別れが、わたしの前を通り過ぎていった。

今わたしは、再びあの土手に立っている。おしゃれな色の鉄橋を、まっ白な特急電車が走り抜ける。絶え間ない車の音、どこからか聞こえてくるテンポの速い音楽……。何もかも、すっかり変わってしまった。もうさかだちはできないけれど、ここに来ると思い出す。忘れたくても忘れられないいくつもの出来事を……。

コングVSゴジラ

「で、でっけえ！」

みんながゴクリとつばを飲みこんだ。

達也《たつや》のクラスにすごい転校生がやってきた。四年生なのに、先生よりずっとでかい。

「大熊《おおくま》源太《げんた》です。熊本からきました。よろしく」

そいつが頭を下げると、みんなもつられておじぎした。

「身長は何センチあるんですか？」

だれかが突然、質問した。

「ええと、四月に計ったときは、一七一センチでした」

おおっ、とどよめく教室。その後、みんなの目がいっせいに教室の後ろへ向いた。

「おれは、一七二センチ」

このクラスには、もうひとりのとんでもないやつがいる。あだ名は〝ゴジラ〟。

「うわ〜、ゴジラとほとんど同じだ。じゃ、こっちは〝コング〟か?」

お調子者の達也がギャグをかましたら、ドッと笑いが起きた。この瞬間から、こいつのあだ名は、〝コング〟になった。

「おーい、コング。上の窓、開けてくれ〜」

「ちょっと、コング。黒板の高いところ、ふいてくれない? あたし、届かないの」

ねえコング、ようコングと、コングの人気は高まるばかり。デカイ上に気が優しいから、そのモテモテぶりはすごい。このコング人気に気を悪くしているのが、〝ゴジラ〟だ。

(ちぇっ、よけいなやつが転校してきたもんだ)

もともとゴジラは、態度が大きい。いばってる。気も短い。だからコングに人気を取られるのも無理はない。ある日のこと、ゴジラがコングに挑戦状をたたきつけた。

「おーい、ゴジラとコングが柔道の果たし合いをやるんだって!」

うわさはあっという間に広まった。

「でもちょっとずるくない? ゴジラって、柔道習ってるんでしょ?」

「うん、一年生の時からずっと。勝って当たり前よね」

とまあ、〃ゴジラはずるい〃という評判も、同時に広がった。

「なあ、コング。挑戦、受けて立つよな。な、な、がんばれよ」

「コングなら勝てるよ。いくらゴジラが柔道習ってたって、コングは怪力だもんな」

もう、引っ込みがつかない。なんとなく断り切れないままに、決戦の日はあっという間にやってきてしまった。

決戦場所は体育館だ。昼休みの体育館にマットを敷き詰める。ここでも達也が調子に乗って、この戦いを仕切っていた。ギャラリーが五十人くらい集まった。会場が異様な興奮に包まれる。

達也が勝手にレフェリー役を始めた。

「それじゃ行きますよ～。試合、開始！」

達也の合図で、試合が始まった。

「とりゃあ～！」

出た。いきなりゴジラ得意の一本背負い。ところがコングは、ぴくりとも動かない。

「な、なんだ、こいつ。だったらこれはどうだ。しょえ～！」

今度は内股だ。でもコングはやっぱり倒れない。と、次の瞬間、コングの巨体がくるっと反転した。

「いっぽ～ん！」

あざやかな払い腰。コングの一本勝ちだ。大歓声が、体育館を包みこむ。

「いててて。な、なんでお前、柔道技なんか使えるんだよ」

「ぼくも習ってるから。去年、九州の大会で優勝したんだ」

この日以来、ゴジラはすっかりおとなしくなった。


やがて夏が来て、そして秋に……。

「コング、入退場門の移動、手伝おうぜ」

達也がえらそうに、校庭の隅を指さす。そう、季節はもう運動会。達也の学校は、全校児童数が百人にも満たない。だから四年生から、準備を手伝うことになっている。

六年生が入退場門の飾りつけを終わり、一休みしている。

「これ、移動しちゃいましょうよ」

達也の言葉に六年生は、顔を見合わせた。

「そうだなあ。先生、なかなか来ないから、おれたちだけでやっちゃおうか」

そうだそうだと、声があがる。この学校の入退場門は、大がかりだ。サッカーゴールのまわりに鉄パイプをくくりつけ、とんでもなく大きくてりっぱな門を作る。だから当然、すごく重い。毎年、男の先生が何人も力を合わせて移動させているのを、みんなは知っている。だからこそ、自分たちだけの力で移動し、先生を驚かせてやりたいと思ったのだ。

「ほら、そっち傾いてますよ。もっとそっちに力を入れて」

　ここでも調子よく仕切っているのは、四年生の達也だ。

「あっ、あぶない、あぶ、あぶ!」

　門がグラリと傾いた。うわあっと悲鳴のような声があがる。

「あっ、達也!」

　なんと、倒れかけた門の下には、達也がいたのだ。

「あぶな〜い!」

　だれもがもうだめだと思ったその瞬間、「ガツン」と音がして、空中で門が止まった。

「た、達也。早く出るんだ」

　コングだった。コングが達也に倒れかかる巨大な門を、ガシッと受け止めたのだ。けれど達也の足は、はずれたパイプのかたまりにはさまれ、そこを抜け出せない。六年生も力を合わせて門を支えたけれど、たいした役にはたたない。

「は、早く、達也、早く！」

さすがのコングも、そろそろ限界になってきた。六年生の一人が、先生を呼びに走った。と、その時だった。

「大丈夫か、源太。そら、こっちを持ち上げるぞ」

飛ぶように現れたのは、ゴジラだった。

「よしっ、せえの。そりゃ〜！」

二人が力を合わせて持ち上げると、門はまるでバネじかけのおもちゃみたいに、元へ戻った。

「サンキュー、ゴジラ。助かったよ」

「へへっ、おれも一応、力持ちだからな」

二人の間に、小さな達也が立った。ズボンのほこりをパタパタとはたきながら言う。

「いやあ、ご苦労さん。さてと、門はもう少しあっちへ移動してね」

ゴジラとコングの強烈なゲンコツが、達也の頭に落ちた。それからの二人？　もちろん親友になって、楽しい学校生活を送っている。

コルドとバンクス

バンクスは若い絵描きだ。うらぶれた街の片隅で、ひっそりと似顔絵を描いて生活をする、貧しい絵描き。こんな彼がたった一人で生きていくのは、並大抵のことではなかった。

「おい、おまえ、だれにことわってここで絵なんか描いていやがるんだ」

ある日バンクスは、街のごろつきに声をかけられた。まだたった十二歳の彼にとって、これは恐怖以外の何ものでもない。

「い、いいえ、別にだれにも……」

次の瞬間、目の前がまっ暗になった。ごろつきのこぶしが、バンクスの顔面をとらえたのだ。もんどりうって倒れこむバンクス。

「このあたりはな、おれたちのなわばりなんだ。ガキだろうと何だろうと、よそ者がここで勝手に商売することは許されねえんだよ」

吐き捨てるようにそう言うと、ごろつきは肩をいからせ、去っていった。

バンクスはゆっくりと立ち上がり、体についたよごれを手で払った。気がつくとイーゼルはたたき折られ、絵の具が散乱している。かろうじて無事だったキャンバスが、歩道のすみにひっそりと身をひそめていた。

「この街もだめか。あーあ、この先、どうやって生きていけばいいんだ。絵を描くことしか能がないぼくなのに」

ため息だけを道連れに、バンクスは街はずれまで歩いた。と、その足が突然止まった。

(ふうん、いい家だ。描いてみたいな)

白い花に囲まれたその家は、くすんだ赤レンガづくり。庭の木が、長い時間を一緒に過ごしてきた……。そんな雰囲気を漂わせている。

(けれど、こんな小さなキャンバスじゃ、たいした絵にはならないな。イーゼルだってこわれちゃったし)

と、その時だ。「ギッ」と軽い音を立てて、目の前の窓が開いた。

「あ……」

顔をのぞかせたのは、ブロンドがまぶしいひとりの少女だった。バンクスを見て、ニコッと微笑み、軽く会釈する。それにつられるように、バンクスも、ペコッと頭を下げた。

「ここで何をしているの？」

「い、いや。とってもいい感じの家だな、と思って見ていたんだ」

少女はちょっと首をすくめ、クスッと笑った。

「ぼ、ぼくはバンクス。君は？」

「わたしはコルド」

鈴を転がしたようなその声に、バンクスは心の鎖が一瞬にして解き放たれたような気がした。長いまつげ。しなやかな髪。緑色の澄んだ瞳の中に、白い花が小さく揺れていた。

「わたし、こうやってぼんやり窓の外を見てるのが好きなの」

その横顔を見たとき、バンクスの心の中は、一瞬にして可憐な少女、コルドで一杯になった。

その夜バンクスは、朽ち果てかけた農機具小屋で一夜を明かした。

朝の光で目を覚ますと、バンクスは大きくため息をついた。

（もう、この街では絵が描けない。どこか、他の街へ行かなくては）

けれどバンクスは、前の日に出会ったコルドのことが忘れられなくなっていた。

（もう一度会いたい。もう一度だけ、言葉を交わしたい）

　彼は赤レンガの家に向かった。

（おや、だれかが歌を歌っている。……ああ、なんてきれいな歌声なんだ）

　その声に誘われるように、バンクスはゆっくりと足を運んだ。

「コルド！　君だったんだね、この歌声は。なんてきれいな声なんだ」

　昨日と同じように窓を開け、コルドは鳥のように、花のように歌っていた。やがてバンクスに気づいたコルドは、照れくさそうに口元を押さえ、頬をほんのり赤くする。

　それから少しの間、二人はとりとめのない話をして、時を過ごした。

　コルドと別れた後、バンクスは街へ向かって走った。

「よし、コルドを描こう。そしてその絵を彼女にプレゼントしよう！」

　バンクスはなけなしの金をはたいて、新しいイーゼルと、大きなキャンバス、それに新しい絵の具を買った。

「コルドの驚く顔が、目に浮かぶぞ」

　バンクスは、胸をワクワクさせて小屋へ戻った。それからの数日間、バンクスは寝る間も惜しんでキャンバスに向かった。早くコルドをびっくりさせてやりたい。早く喜ばせてあげたい。

その気持ちだけを支えに、粗末な食事に耐えて、彼は絵筆を握り続けた。頭の中に刻み込まれたコルドの姿を思い浮かべ、ただただ、描き続けた……。

「コルド、ぼくだよ。ちょっと顔を出して」

バンクスは胸のドキドキを押さえ、赤レンガの前に立った。とうとうできあがったのだ。

「コルド、いないのかい?」

おかしい。いつだってこの時間には、きれいな歌声が響いているはずなのに、今日はシーンと静まりかえったままだ。

「だれか、だれかいませんか？」

バンクスは玄関へ回ってドアを叩く。その時、一人の農夫が通りかかり、声をかけてきた。

「その家の人たちなら、街へ帰ったよ。え、コルド？　ああ、あの子は歌い手だよ。なんでも体をこわして、ここへ静養に来ていたらしいのさ。時々、うちから野菜を買っていたんで、家の人とそんな話をしたことがあるんだ」

「ま、街って、どこの街ですか？　コルドの体は、よくなったんでしょうか」

「ああ、だいぶよくなったらしいよ。だから帰って行ったんだ。……どこの街かって？　バンテックだよ。この国一番の大きな街だ。あとはわからないねえ」

バンクスの手からキャンバスがすべり落ちた。ふわっと風が吹く。赤レンガの横で、白い花がゆらゆらと揺れていた。

バンクスの絵がコルドの元に届くことは、永遠になかった。

焼けこげた手帳

日航ジャンボ機墜落事故

見覚えのある手帳だった。黒い皮のぶ厚い手帳。けれど、全体の三分の一ほどが茶色く焼けこげている。

「間違いない。パパのだわ……」

母は震える声を抑えながら、気丈を装った。

「三年……。たった三年よ！」

泣きくずれる妹を、ぼくはただ、だまって見ていることしかできなかった。

「パパ！　戻ってきてくれたのね！」

それは、三年前のことだった。二年間、家を出ていた父が、ふいに戻ってきたのだ。小学校三年生になる妹の沙也香《さやか》は、大喜びで父を迎え入れた。母もつっけんどんな態度とは裏腹に、どこか笑顔を浮かべている。あからさまにいやな顔をしたのは、ぼくだけだった。

（勝手に出て行って、よくこんな調子よく戻って来られたもんだ）

五年ほど前、まだぼくが小学校の低学年だったころ、父は母の反対を押し切り、脱サラして事業を始めた。けれどじきにつまづいて、あっという間に倒産。それまでの蓄えは底を突き、大きな額ではないものの、借金までつくった。

「みんなに顔向けができない」と、父は突然家を出た。どこで何をやって暮らしていたのかわからないけれど、毎月わずかな金を送ってきた。今にして思えば、それが父にとって、精一杯の償いだったのかもしれない。だけどその二年間、わが家は嵐の中の小舟みたいに大揺れだった。父からのわずかな送金だけでは、とても生活ができない。母は昼間の仕事に加えて、夜も近くのファミレスでパートをするようになった。おかずのランクもグッと落ち、ゲームソフトなんか夢のまた夢。妹の服もバーゲンセールの安物になってしまった。何もかも父のせいだ。父の身勝手のせいだ。

「しっかりとした会社に再就職できたから」と、それだけ言って、父は母の前で深々と頭を下げた。けれどぼくはどうしても、すぐには許す気持ちになれない。ぼくは戻ってきた父と一週間の間、一言も口をきかなかった。

けれどそれからの父は必死だった。二年間の空白を埋めようとでもするように、しゃにむに働いた。再就職だから以前よりも収入が減ったとぼやきながら、それでも家族のために、そして自分自身の中に巣くった何かを振り払うかのように、額に汗して働いた。父に対するぼくの気持ちもやっと雪解けを迎え始めた、そんな矢先の出来事だった。


唯一の遺品となった、父の焼けこげた手帳を、母の手がゆっくりとめくる。そしてあるページで、ピタッと手が止まる。まぶたが静かにけいれんしていた。

「ママ、何が書いてあるの?」

妹がまっ赤な目で母の顔を見上げる。

「……読むわ。いい? パパがわたしたちに残してくれた最後の言葉よ。よく聞いて」

ククッと小さく喉を鳴らした後で、母はゆっくりと口を開いた。

【哲朗《てつお》、沙也香、ママをよろしく頼む】

ぼくと妹の名前から始まっていた。

【今、飛行機が急降下を始めた。きっともうだめだろう。焼き肉パーティの約束、守れそうもない。ごめんな。夏子《なつこ》（母）、苦労ばっかりかけたね。すまない。でもこの三年間、短かったけど、とても楽しかった。君には本当に感謝し】

文章は、そこで終わっていた。あまりにもあっけない別れだった。

一九八五年八月十二日。父を乗せた日本航空１２３便のジャンボジェット機は、群馬県の尾根に墜落した。乗員乗客五二四名中五二〇名が死亡。単独の航空機事故としては、世界航空史上、最悪の大事故だった。

たった三年間。その三年間の始まりに〝再会〟があり、そして終わりに〝別れ〟があった。突然の始まりと突然の終わり。どこまでが現実で、どこからが幻なのか、何もわからなくなった。頭の中がまっ白……。

「新しい企画を任されたんだ。絶対に成功させてみせるぞ！」

八月十二日。父は朝から張り切っていた。

「おみやげ、よろしく」

妹の言葉。

「ごちそう作って待ってますよ」

母の言葉。

「焼き肉パーティの炭、ちゃんと買っておくから」

ぼくの言葉。これがぼくたちと父との最後の会話になった。父は一番お気に入りのスーツを着こんで、出勤していった。

１２３便は、18：00羽田発。わが家の異変に最初に気がついたのは、妹だった。

「ねえ、ママ。臨時ニュースやってるわよ。飛行機が消息を絶ったんだって」

「いやなこと言うわね。どこの飛行機？」

「東京発、大阪行き。ＪＡＬ１２３便だって」

母は一瞬凍りついたように立ちつくし、それからテレビラックの引き出しを開けた。父の仕事のスケジュールがメモしてある紙を取り出す。

「ＪＡＬ１２３……。パパが乗ってるわ」

家中の時が止まった。食い入るようにテレビの画面を見つめる。時間の経過と共に、不安ばかりが黒雲のように広がっていく。母がまっ青な顔で、受話器を取った。航空会社に電話を入れるが、いくらかけてもつながらない。

「は、羽田へ行ってみようよ」

ぼくの声で母が、フッと自分に戻る。

「そ、そうね。哲朗、沙也香、すぐ支度して」

車を飛ばす。その間にも、ラジオのニュースが事故の大きさを伝えていた。

空港が近づくと、取材陣の車だろうか。長い列を作っている。

「主人が、主人が１２３便に乗っていたんです。通してください！」

母の絶叫が、今でもぼくの耳の奥深く残っている。


出会いや別れは、時として突然にやってくる。このごろぼくは思う。だからこそ、今あるこの一瞬を、精一杯に生きていきたいと。父の分まで生きていきたいと……。

月から落ちたウサギ

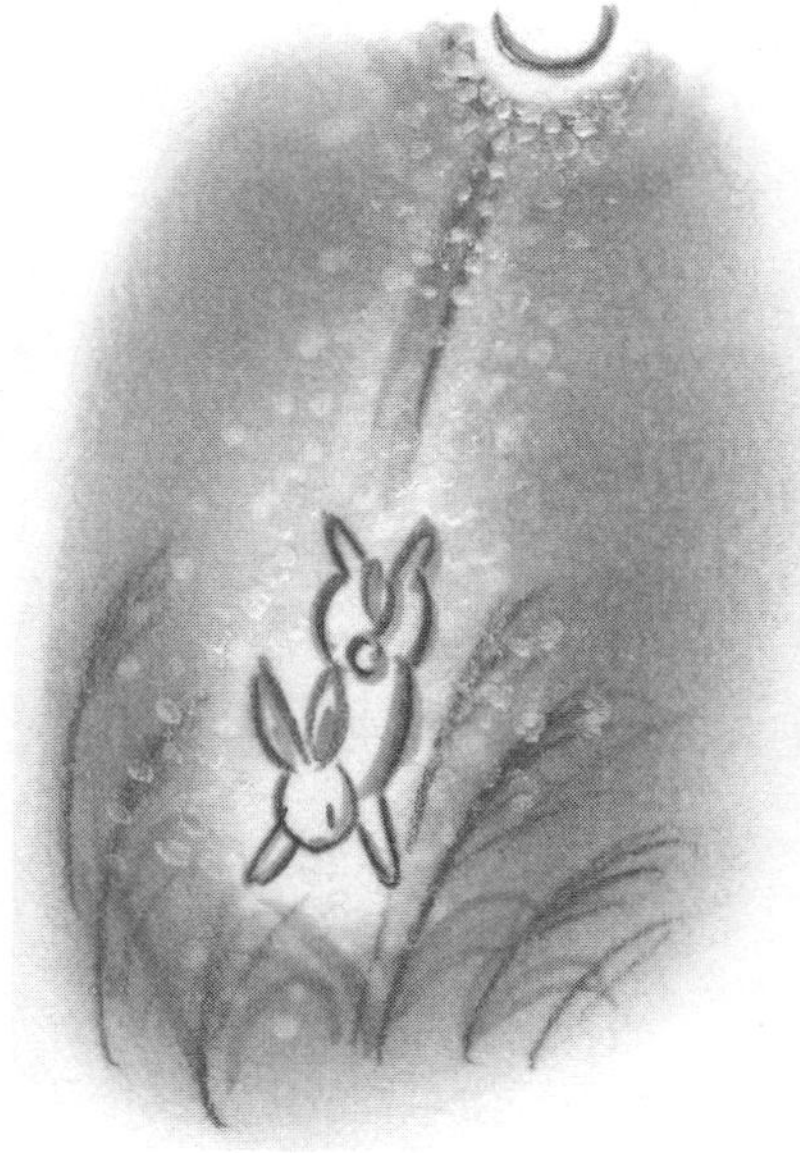

今夜は、庭でお月見なんだ。それも、一人で月見。うーん、ぜいたく～。

「きれいだねえ。おっ、ウサギがおもちついて……。あれっ？」

これはびっくり。もちつきをしていた月のウサギが、うしろへひっくり返って、月からサッとすがたを消したんだ。すると間もなく、近くで「ドスン」と、大きな音がした。

「いてててて」

見ると、庭のすみっこで、一わのウサギが、こしをさすってる。

「おーいて。あー、びっくりしたあ」

びっくりしたのはこっちだ。

「うわっ、あんた、言葉がしゃべれるの？」

するとそのウサギは、よっこいしょと起きあがり、ムッとした顔で言った。

「当たり前だピョン。ずっと昔だな、月の言葉をうっかり日本に落とした祖先がいた。それが日本語になったんだピョン。だから、我々の方が、日本語の先輩なんだピョ〜ン！」

何も怒ることはないのに、やたらピョンピョン飛び跳ねながらどなってる。

「ふーん。そそっかしい祖先だねえ。あんたもそそっかしいけど」

ガクッとのけぞるウサギ。

「わかったから早く帰りなよ。十五夜、終わっちゃうよ」

あたしがそう言うと、ウサギは急にシュンとなって、小声でこう返事した。

「それが足をくじいて、月までジャンプできないピョン。治るまで泊めて欲しいピョン」

「へえ〜、おもしろい。いいよ。それなら名前を付けなきゃね。……ピョン。うん、これがいい。ピョンに決定！　ついでにあたしの名前は『かえで』だよ」

とまあ、こんなわけでピョンは、あたしんちに住むことになった。とうちゃんもかあちゃんも、「あっそ」と言っただけ。細かいことにこだわらないんだ、あたしの両親って。

「我々はこんなもの、食わないピョン。ざるそばが食べたい気分だピョン」

せっかくにんじんをあげたのに食べない。月のウサギは、ぜいたくだ。

「ふむ、ちとダシが足りないピョン。わさびのききも、いまいちだピョ〜ン」

いそうろうのくせに、まったくわがままなヤツだ。


次の日、学校へ行ってあたしはあせった。ランドセルから学用品を出そうとしたら、中にピョンが入ってたんだもん。

「ふーん、これが人間の学校かピョン。掃除が行き届いてないピョン」

こいつ、放っておくと、何するかわからない。あたしは「絶対にランドセルから出ない」っていうことを、ピョンと約束した。

「えー、みなさんの中で、お月見をした人はいますか?」

先生の質問に、「はーい」と手があがる。

「みなさんが見たあの月は……」

先生がそこまで言ったとき、事件は起きた。ピョンがあたしの口を使って、勝手なことをしゃべり始めたんだ。

「月の直径はおよそ、千七百八十三キロメートル。質量は地球の約八十分の一。地球からの距離は……」

先生もみんなも、口をポカンとあけたまま、あたしの……、じゃなくて、ピョンの話に圧倒されてる。

「は、はいはい。よ、よく知っていますね、かえでさん。それでは……」

「そもそも月というのは、今からおよそ五十億年前……」

止まらないピョンのおしゃべりに、そのあとあたしが先生にお説教をくらったことは、言うまでもない。

「まったくもう、今日はピョンのせいで最悪の一日だったよ。もう二度と来るな！」

「悪かったピョン。人間があんまり月のことを知らなさすぎるんで、つい、説明してやりたくなったんだピョン。なあ、機嫌なおしてくれピョ～ン」

あたしは返事もしないで走り出した。もちろん、ピョンをランドセルから放り出して。大通りへ出た。ピョンに追いつかれないように、スピードアップ。だからうっかり、安全確認を忘れてた。

「あっ、あぶないピョ～ン！」

すぐ目の前に、大型トラックが迫ってた。

「キャーッ！」

あたしの悲鳴と、「ドカーン」という大きな音が同時だった。なんとまあ、ピョンが大型トラックに体当たりして、トラックを吹っ飛ばしたんだ。

「す、すごい、ピョン。あんた、だ、だいじょうぶ？」

「は、早くここから逃げるピョン。我が輩のことがばれたら、一大事だピョン」

ピョンは、大けがをしてしまった。家に帰ってベッドに寝かせたら、涙がポロポロ流れて、止まらなくなった。

「ごめんね。あたしのせいで、ごめんね、ピョン」

「ま、まあいいってピョン。もとはといえば、我が輩が月から落ちたのが原因だピョン。かえでが悪いんじゃないピョン」

「ずっと、ずっとここにいていいから。あたしが面倒みるから」

ところがピョンは、ちょっとさみしそうな顔をした。

「我が輩もそうしたいピョン。でもこのケガは、地球じゃ治せないピョン。月から救急車を呼ぶしかないいんだピョン」

それだけ言うと、ピョンはへんな機械のボタンを、ピッポッパッと押した。

「これは、ふつうの人間には見えない救急車なんだピョン」

だけど、あたしには見えた。亀の形をした月の救急車が、ゆっくりとあたしんちへ降りてくるのを。

「それじゃかえで、我が輩は帰るピョン。月を見たら我が輩のことをちっとは思い出してくれピョン。……我が輩、月から落ちてよかったピョン。かえでと友だちになれたから……」

そんな言葉を残して、ピョンは月に帰って行った。


次の満月の夜、あたしはじっと月を見ていた。

「よかった。ケガが治ったんだ」

白く光る月の中では、ピョンが元気にもちつきをしていた。

お〜い、桃太郎《ももたろう》！

おいらは鬼だ。鬼ケ島《おにがしま》の青鬼《あおおに》さ。おいらはずっと待っている。桃太郎がもう一度やって来るのを待っている。なぜって？　それはね……。

おいらは逃げた。うるさい犬のヤツが、ずっと追いかけてくるんだ。村のはずれまで来た。まだ追ってくる。大黒岩のかげに回りこんだ。うわっ、まだ追ってくる。

「こら〜、待つんだワン！」

待ってたまるかい。田んぼのあぜ道をどんどん走って、沼の反対側までやってきた。

「やれやれ、ここまで来ればいくら何でも……」

ややや、まだ追ってくる。おいらは、くずれかけた番小屋の中に飛びこんだ。

(くっそう、なんてしつこい犬なんだ)

犬のヤツ、小屋のまわりをクンクンかぎ回っていやがる。あっ、こっちへ来る。まずい！

「よっしゃ、見つけたワン！　出てこ〜い。ここにいるのはわかってるワン」

しまった。とうとう見つかった。ああ、もうだめだ。おいら鬼たちは、犬が大の苦手なんだ。ちくしょう、こんなところで犬なんかにやられちまうなんて……。ん!?

何だか様子がヘンだ。壁のすき間から外をのぞいたら、犬がしっぽをふってる。別にこわい顔もしてないし、それになんだありゃ。首から風呂敷包みをぶら下げてるぞ。

おいらはおそるおそる、木戸を開けてみた。犬は息をハアハアはずませながら、首の風呂敷包みをかったるそうにおろしてる。

「飛びかかったり……しない？」

「そんなことしないワン。まったくもう、こんなに遠くまで逃げやがってワン」

犬のくせに、タオルで汗なんかふいてる。

「ほいこれ、桃《もも》さんからだワン」

そう言って、風呂敷包みをおいらに差し出した。

「な、なんだよこれ」

「いいから、開けてみたらいいワン」

おいらは言われるままに、そっと包みを開けたみた。

「ありゃ、これはキビダンゴ」

「桃さんからのおみやげだワン。まったく、あのおとぎ話を本気で信じてる鬼がまだいるから困るワン。本当は、この島の土が、桃の木を育てるのにちょうどいいから、植えさせてもらいに来ただけなんだワン。ほら、あっちで話し合いをしてるワン」

犬の鼻先を見ると、遠くで桃太郎が鬼の村長さんや村人たちと、笑いながらお茶を飲んでる。おいらは、耳のパワーをあげて、その話を盗み聞きした。

「じゃあ、鬼が原あたりに二十本。それから鬼沼のまわりにぐるっと五十本ばかり植えさせてもらいますよ」

「どうぞどうぞ。おいしい桃がたくさん実るといいですなあ」

みんな笑顔で話してる。

「本当だ。楽しそうに笑ってるぞ。ど、どういうわけだ、こりゃ」

犬の言ってることが本当なのか。おいらは、わけがわからなくなった。耳のパワーを元に戻して、犬の方に向き直る。

「それじゃ、どうしてお前は、おいらを追いかけてきたりしたんだ」

「それが、おれっちの仕事なんだワン。子どもたちにおみやげのキビダンゴを配るように、桃さんから言われてるんだワン」

「ふうん、どうやら本当の話らしいな」

犬は小声で、「決まってるワン」とつぶやいた後、キビダンゴをおいらに勧めた。そこでパクリと一口。

「う、うまい！」

「当たり前だワン。キビダンゴは、最高のごちそうなんだ。おみやげとしても、最高級品なんだワン」

おいらは目の前のキビダンゴを、口の中に押し込みながら、もうひとつの質問をした。

「桃太郎にはモグモグ、犬の他にも家来がいただろ？　むしゃむしゃ。どうして一緒に来なかったんだ？　パクパク」

「それワンだな、サルのやつは食い意地が張ってて、キビダンゴを自分で食べちゃうし、キジのやつはけんかっ早くてだめなんだワン。だから、今日みたいに大事な仕事の時には、優秀なおれっちが活躍するってわけだワン」

そう言って、ツンと胸を張る。よく見ると、鼻っ面にキビダンゴのきなこがついてる。こんなえらそうなことを言ったくせに、きっとどこかでつまみ食いしてたんだ。

その時、犬の耳がピクッと動いた。

「じゃあな、また会おうワン」

それだけを言い残し、犬は一目散に桃太郎のところへ戻っていった。

「あっ、待てよ！」

おいらは犬の後を追いかけた。けれど、時すでに遅し。桃太郎の舟は岸を離れ、犬がやっとのことでそれに飛び乗った。

「村長さん。桃太郎のおとぎ話って、まちがってたんだね」

「なんだ、お前は三百歳にもなって、そんなことも知らなかったのか。もっとしっかり勉強せいよ」

おいらは、桃太郎の舟に向かって思い切り手を振った。

「今度来るのは、桃の花が咲くころじゃと言っとった。その時は鬼酒でもふるまって、ゆっくりしていただこう。なにしろお忙しいお方じゃからのう、あの方は」

そう言って村長さんは、ゆっくりと白いあごひげをなでた。

もうすぐ桃の花が咲く。だからおいらはこうして毎日待ってるんだ。言い忘れたひとことを言うために。

「キビダンゴ、ありがとう」って……。

あっ、舟が見えた！

サウナちゃん

おれはでっかい声を出してやった。

「武田《たけだ》勇樹《ゆうき》です。青森からきました。よろしく！」

みんな、おれの声にびびったみたいだ。なんたって、最初がかんじんだからな。なめられないようにしなくちゃ。

休み時間になった。男たちがパラパラとおれの席にやってくる。それにしても東京の夏はやっぱり蒸し暑い。暑がりのおれにとっちゃ、これは地獄だ。

「青森って、海だらけなんだろ？　デパートとか、あるのか？」

「あるさ。海だって、デパートだって」

「おまえ、どうして言葉になまりがないんだ。おれのじいちゃんが東北なまりなんだ」

「それはおれが、幼稚園までは東京にいたから。青森じゃ『東京弁』って言われてたよ」

そんなに珍しいのかね、転校生が。はじめはちゃんと答えてたけど、あんまりしつこいんで、そのうち適当に「ああ」とか「まあね」とか答えて、顔の汗をグイッとぬぐった。

「ん⁉」

ふとおれは、教室の隅に座って、本を読んでるひとりの女子に気がついた。

「あの子、なんで長そでなんか着てるの？」

おれの質問に、弘太《こうた》というヤツが待ってましたとばかりにしゃべり出す。

「あいつ、一年中長そでなんだ。でも、暑がりなんだぜ。ほら、サウナに入ったみたいに、汗びっしょりだろう？　だからあいつ、『サウナちゃん』って呼ばれてるんだ」

慎司《しんじ》というヤツの言葉に、ドッと笑いが起こる。

「きっとさあ、腕に入れ墨かなんかあるんじゃないかって、みんな言ってるんだ。それとも超・毛深いのかも。だって、プールの時だって長そで着てるんだもん」

おれはその「サウナちゃん」と呼ばれてる女子、橘《たちばな》桃子《ももこ》を横目で観察した。色白の顔に、長いまつげが印象的だ。

下校時間になり、さっそく友だちになった弘太、慎司と一緒に帰った。

「桃子って、友だちいないんだよな」

「だって、暗いんだもんあいつ。本ばっかり読んでてさあ。……あ、じゃおれたち、こっちへ曲がるから」

コンビニの角で、二人と別れた。

（まあまあ、いい学校だな。ちょっと校舎が汚いけど。……それにしても、あの桃子っていうやつ。変わってるよなあ、かわいいのに……）

郵便局を左に曲がる。と、道ばたにしゃがみこんでる女子がいた。

（あ、橘桃子……）

なんという偶然。おれはそのまま立ち去ろうかどうしようか迷ったあげく、声をかけてみることにした。

「何やってるんだ？」

「アリがね、こんなところに巣をつくってるの。見てると面白いよ」

やっぱり変わったヤツだ。

「お前さあ、アリなんかじゃなくて、人間の友だちつくれば？　今日だって、ずっとひとりで本読んでたじゃねえか」

すると桃子はちょっとの間、だまりこんだ。まずいこと言ったかな？

「な、なーんてな。今日、転校してきたばかりのおれに、そんなこと言われたくねえよな。何の事情も知らねえのにさ。ごめん、ごめん。じゃおれ、帰るよ」

「ちょっと待って」

桃子がおれを見上げる。長い髪がサラッとなびいた。

「聞いたでしょ？　あたしが『サウナちゃん』って呼ばれてること。あたし、いやなんだ、そのあだ名。なのに、みんなそうやって呼ぶの。女の子まで」

「だったら、言い返してやればいいじゃねえか。第一、なんでそんな長そで着てんだよ。この暑いのに」

「あたし……、あたしね」

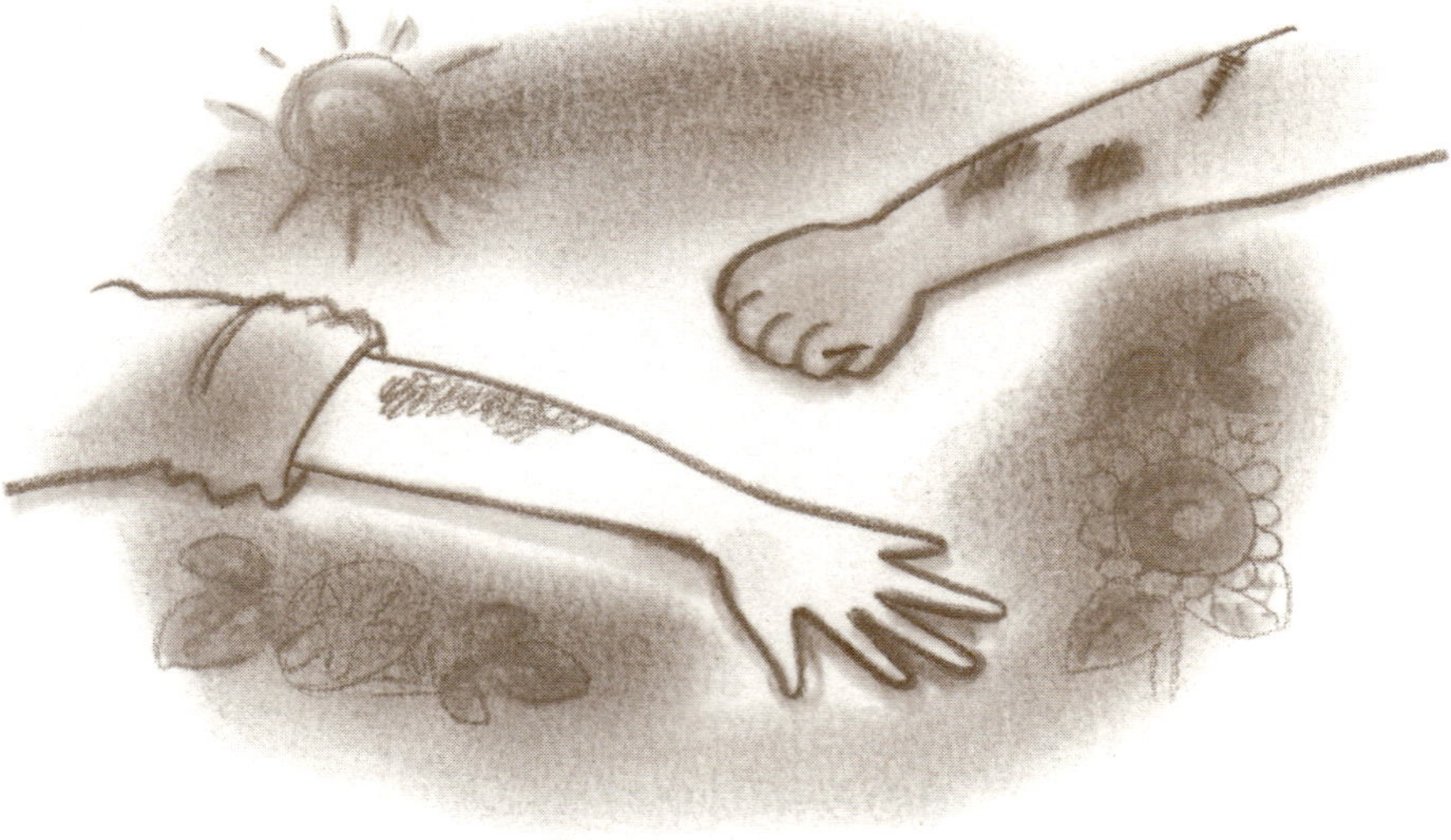

だんだん声が小さくなる。

「腕にやけどのあとがあるの。だから、腕を出したくないんだ」

「なんだよ、そんなこと。どれ、見せてみろよ」

おれの言葉に、桃子はおそるおそるシャツのそでをまくり上げた。

「なんだ、たったこれっぽっちかよ。へっ、おれなんかもっとずっとすごいぜ。ほら、ここは自転車で転んだあと。こっちは神社の階段から転げ落ちた時にできたんだ」

おれがあっちこっちの傷を見せるたびに、桃子の表情から暗さが飛んでいく。

「なーんだよ。こんなことを気にしてるなんて、バカじゃん。……よーし、今度、『サウナちゃん』なんて言うヤツがいたら、おれがやっつけてやらあ。その代わり、桃子も長そでなんか着るんじゃねえぞ」

「ウン」と頷いた桃子だったが、やっぱり次の日も、薄いブルーの長そでシャツを着ていた。

「えーっと、今日の給食当番は、浩司に健太、それから『サウナちゃん』に……」

「よう、弘太。そうやって呼ぶの、やめてやれよ」

おれの言葉に桃子は、小さくなって下を向いていた。そんな桃子に、おれは大声を飛ばす。

「なあ、桃子。お前も悪いぞ。そんなもの、脱いじまえ！」

すると桃子はちらっとおれの方を見て、それからそっとシャツを脱ぎ始めた。

「おっ、いよいよ『サウナちゃん』の秘密が……」

おれがにらむと、慎司はあわてて口を押さえた。その間に桃子はシャツを脱いで、椅子の後ろにかける。

「なーんだ、何でもなかったじゃん。入れ墨もないし、毛むくじゃらでもないぞ」

みんなは拍子抜けしたように、パタパタと給食の準備を始めた。おれはそっと桃子の近くへ行き、小声でささやいた。

「な、何でもないだろ？　自分が気にするほど、人は気にしないってことだ」

その日の昼休み、友だちと一緒に、校庭で大縄をして遊ぶ桃子の姿があった。それはいいんだけど……。

「こら勇樹、ちゃんと掃除しなさい！」

ぐいっと腕まくりをした桃子がおれをにらむ。

「ほらほら、そっちのあんたも早くゴミ捨ててきて」

やれやれ、人間、ふっきれると変わるもんだなあ。

二万年後の再会

西暦二千二百八十九年春。タケルは今日、少年宇宙飛行士として、一万光年離れた〝マヨルカ星〟に出発する。その様子を、世界中の人がテレビで見守っていた。

わたしはミク。恋人のタケルとは、今日でお別れ。なのに、見送りに行ってあげることもできない。重い病気にかかったわたしは、こうしてベッドの上からテレビの画面を通して、あなたを見つめるだけ。

（タケル、元気でね……）

「やあ、ミクちゃん。具合はどう?」

主治医の先生が病室に入ってきた。

「おや、泣いてるのかい？　まあ、元気を出しなさい。今日はいい知らせがあるんだ。君の病気を治療する薬が開発されることになったんだ。……とは言っても、完成まで五年ほどかかりそうなんだけどね」

なんだ、ちっともいい知らせなんかじゃない。だってわたしの命は残りほんのわずか。今すぐに息絶えてしまったって、おかしくないくらい。とても間に合うわけがないもの。

わたしの体は今、いろいろな器械につながれていて、声を出すこともできない。そんなわたしを見おろして、先生は言葉を続けた。

「だからね、君をその五年間、いや、念のために七年間、冷凍保存することにしたんだ。つまり、人工冬眠だな。もちろん、ご両親も大賛成だったよ。ミクちゃんが目を覚ましたときにはもう治療薬は完成している。それで君はすっかり健康になるというわけだよ。どうだい、いいニュースだろう」

わたしにはその言葉の意味が、ピンとこなかった。冷凍保存？　人工冬眠？　なんだかそんなもの、どうでもいい気がする。どっちみち、タケルのいない世界であることに変わりはないし……。けれど、それに反対するだけの気力すら、わたしには残っていなかった。

（もう、なんでもいいの。どうでもいい……）

テレビには、タケルを乗せて飛び立ったロケットが、大きく映し出されていた。

それから数日後、わたしは冷凍カプセルの中で、タケルの顔だけを思い浮かべていた。

(タケル。今ごろどこでどうしているの？　わたしのことなんか、思い出す暇もないよね。いいんだ、タケル。無事でさえいれば。無事でさえ……)

いつしかわたしの意識は、暗い闇の底に沈んでいった。

☆ ☆ ☆ ☆ ☆ ☆ ☆ ☆ ☆ ☆ ☆ ☆ ☆ ☆ ☆ ☆ ☆ ☆ ☆ ☆

ふっと目が覚めた。白っぽい光がわたしの視界を支配する。

「まぶしい！」

声が出た。わたしはもう治ったのだろうか。それにしても何かおかしい。わたしを包んでいたはずのカプセルは、フタがパッカリ割れているし、カプセルと器械をつないでいるおびただしい数のコードも、ズタズタにちぎれている。

少しずつ目が慣れてきたわたしは、カプセルを出た。あたりはガレキの山。人っ子ひとりいない。自動カレンダーだけが、奇跡的に動いていた。その数字をじっと見つめる。

「西暦二万二千二百九十二年！」

信じられなかった。故障していると思いたかった。

「そんなバカなこと、あるわけがない」

壁にも大きな穴があいている。そこからそっと外へ出たわたしは、ハッと息を飲んだ。街が消滅していたのだ。巨大な地震にあったか、激しい爆撃を受けたかのように、破壊され尽くしていた。あたりにはモヤのようなものが一面に立ちこめ、崩れかけたビルには、太いツル性の植物がヘビのようにからみついている。

「いったい、何があったの!?」

わたしは歩いた。歩いて歩いて歩き続けた。体力が限界に近くなったころ、ようやく街を抜けた。すると一か所だけ、ほとんど無傷で建っている建物がある。走り寄ると、そこには「国際宇宙センター」と書かれたプレートがあった。

「何かわかるかもしれない」

疲れからか、わたしは激しくせきこんだ。足はガクガクだし、胸も苦しい。けれど、そんなことを言っている場合じゃない。力を込めてドアを押し開け、中に入る。しかしそこにはただ、シーンと静まりかえった空間が広がっているだけだった。

「だれか、だれかいませんか！」

　精一杯の大声を出したら、またせきこんだ。と、その時だった。

「だれだ！　だれかいるのか！」

　人の声……。それも、どこかで聞いたような……。

「ミク……。ミクじゃないか！」

　わたしは信じられなかった。今、この廃墟の街でわたしの目に映ったのは、まぎれもないタケルの顔だった。

「タケル！」

　わたしとタケルは互いに駆け寄り、かたく抱き合った。

「どうしたの、タケル。マヨルカ星へ行ったんじゃなかったの？」

「行ったさ。往復、二万年の旅を終えて帰ってきたんだ。でも帰ってきたら地球はこのありさまだ。一緒に帰ってきた隊員たちは、今、あたりを調査している。ミクはどうして……」

　宇宙船が光速に近い速度で飛んでいたため、タケルはほとんど年を取らずに地球へもどってくることができたのだ。ミクは自分が二万年以上も人工冬眠していたらしいことを伝えた。

「そうだったのか。それにしてもまさか、二万年後にミクとこうして会えるなんて、夢みたいだ」

　そう言ってタケルは、わたしをもう一度抱きしめた。

「信じられないことばかりだ。……それにしてもいったい、地球に何があったんだろう」

　その時、わたしの胸にものすごい痛みが走った。

「ミク！　どうしたんだ。大丈夫か、ミク！」

　そう、わたしの病気は治っていなかったのだ。

「ごめんね、タケル。二万年もたって、やっと会えたっていうのに……。でも、わたし、うれしい。もう二度と会えないと思っていたのに。うれしい……」

　そしてわたしは、タケルの腕の中で眠りについた。二万年よりも、はるかに長い眠りに……。

行っちゃだめ！

新しい先生が来た。あたしのクラスに、それも二人。ひとりは若い男の先生。大学を出たばかりの新米先生で、クラスの担任だ。もう一人は、おじさん先生。なんでも〝初任者指導教員〟とかいって、新米先生にいろいろなことを教える先生らしい。一週間に一度、あたしのクラス、四年一組に来るんだってさ。

「優衣《ゆい》ちゃんが、また掃除の反省会をちゃんとやりませんでした」

未央《みお》が、唇をツンととがらせて言った。帰りの会ではよくあること。しょっちゅう、あたしへの〝モンク〟が出るんだ。だけど、あたしはだまってる。言い返したら、今度はもっと大勢でよってたかってガンガン言われるだけ。わかってるんだ。

「優衣さん。ちゃんと答えなさい」

新米の大石《おおいし》先生が困ってる。だけどあたしの知ったことじゃない。ちらっと教室の後ろを見た。今日は〝おじさん先生〟……、いやいや、山野《やまの》先生が来る日だった。あたしを見て、にこっとした。ふんっ、へんな先生！

ある日の体育で、あたしはけがをした。ラインサッカーで、ちょっとすりむいたんだ。

「えーっと、どうしようかな。こういう時は、保健係でいいのかな」

どうも、新米先生は頼りない。

「いいよいいよ、わたしが保健室に連れて行くから、先生は授業を続けて。行くぞ、優衣」

山野先生が、あたしの肩をポンと軽く叩いた。なんか、いきなり呼び捨て。

「ふーん、優衣は秋田から転校してきたのか。どうりで美人だと思ったよ」

〝秋田美人〟っていうらしいけど、あたしはちっとも美人じゃないし、かわいくもない。だけど、この先生が言うと、皮肉っぽく聞こえないから不思議だ。

「先生は、どこの学校から来たの？」

「あっ、もう忘れてる。隣町のK小から来たって言ったじゃないか。この忘れんぼ」

「えっ、そうだっけ」

あたしも笑った。なんか久しぶり。学校で笑ったのって。

次の週には、給食事件が起きた。もちろん、あたしに関係した事件。

「優衣ちゃんの給食配る人、だれですかぁ？」

そんな声が聞こえた。だけど、名乗り出る当番がだれもいない。「お前だろ、あんたでしょ」

と、押し付け合いが始まる。あたしはでっかい声で、どなってやった。

「いいよ、だれも配らなくたって。あたし、食べないから」

その時、山野先生がだまってあたしの給食と自分の給食を持った。

「優衣、ほらめしだ、めし。学年室へ行くぞ」

あたしは心の中で、給食当番に舌を出しながら、しぶしぶ学年室へ行った。

「みんな、優衣にきつく当たるなぁ。どうしてなんだろう」

原因なんてわからない。だからあたしは、だまってうつむいてた。

「大石先生、心配してるぞ。先生には相談したことあるか？」

今度は首を横に振る。そっと目だけで山野先生を見たら、さみしそうな顔をしてた。

「あたしね……。あたし……」

懸命に何かを言おうとした。そしたら先生、「いいよ、いいよ」と言って、あたしの頭を二回なでたあと、やさしい声でこう言った。

「明日、大石先生に相談しなさい。優衣の先生は大石先生なんだから。まあ、今日は特別に、給食の時間だけ、先生が優衣の先生だ」

そっと口に運んだマーボ豆腐は、ちょっとだけしょっぱい味がした。

次の日、あたしが大石先生のところへ行ったら、先生、真剣に相談に乗ってくれた。でもね、あたし知ってるんだ。昨日の放課後、山野先生が大石先生に「こうやって話をしてあげなさい」ってアドバイスしてたのをネ。


あたしが入ったクラブは、偶然にも大石先生が担当する、科学実験クラブだった。ということは、山野先生も一緒ってこと。何しろ二人は、ワンセットなんだから。

「今日は、『火起こし実験』をやるぞ」

火を使うからって、この日は山野先生が中心になって、実験をした。

「こうやって木と木をこすり合わせて、枯れ草を乗せて……」

山野先生がやったら、本当に火がついた。だからあたし、帰り道の土手で、試してみた。ここしばらくの間、ずっと雨が降らなかったので、土手の草はカラカラに乾いていた。実はだまって実験室から、火起こしの道具を借りて来ちゃったんだ。

「さてと、優衣の火起こし実験、はじまり〜！」

山野先生と同じようにやってみた。すると、ついた、ついた。ボッと火がついた。……だけど困った。ちょっとばかり、はでに燃えすぎる。どんどん燃え広がって、あたりにいた大人たちが集まって、大騒ぎになった。

……結局、火は治まったけど、次の日、山野先生が校長室に呼ばれた。出てくる先生を待ちかまえて、あたしはすぐに謝った。

「ごめんね、先生。あたしのために校長先生に怒られたんでしょ？」
「へへっ、ちょっとだけな。なあに、『土手なんかで絶対にやるなよ』って言わなかった先生が悪いんだ。……だけど優衣も、もっと考えて行動しなくちゃだめだぞ」
あたしは、何度も何度も、「ウン」ってうなずいた。

年が明けた三月。山野先生は、別の学校へ行くことになった。

「うそ！　なんでたった一年で行っちゃうの。……あたしのせいだ。あたしが火事を起こしたから、それで山野先生、やめさせられるんだ！」

「ちがうわよ、優衣。山野先生みたいなお仕事は、一年ごとに学校が変わるの」

いくらおかあさんが説明してくれても、あたしには信じられなかった。

けれどお別れの辞校式は、あっという間にやってきた。山野先生の挨拶が終わり、全校児童が二列になって、学校を去る先生方を見送る。次々と先生方が通り過ぎ、やがて目の前に山野先生がやってきた。両手にいっぱい、花束を抱えて……。

（先生、だめ！　行っちゃだめ！）

あたしはそう叫びたくなる自分の気持ちを、グッと抑えた。今、あたしがそれを言ったら、よけいに先生を悲しくさせる……。

少しずつ小さくなっていく先生の後ろ姿が、ぼうっとかすむ。

（さよなら、先生。あたし、がんばってみる。友だちつくるよ）

春というにはまだ冷たい風が、あたしの頬を通りすぎていった。

ガレキの下で

阪神淡路大震災

一瞬、何が起きたのかわからなかった。大音響と共にわたしの体がはね上がり、その後、ベッドから転がり落ちた。

「何なの！　何なのよ、これ！」

そんな私の叫びも、理由のわからない様々な音の前に、かき消されていく。

ふっと、体が軽くなった。

（落ちる……）

それきり、私の意識は消えてなくなった。

どれほどの時間がたったのだろう。気がつくと、あたりは真っ暗闇だった。それにひどくホコリっぽい。

(どこ?　ここはどこなの?)

狭い空間に閉じこめられて、思うように身動きが取れない。やっとのことで左腕が少し動かせた。その手に触れたのは、冷たくゴツゴツした硬い物。

(これ、コンクリートだ。コンクリートの固まりだ)

むき出しの鉄筋が、獣のするどい牙のような感触だ。

「……お……ねえ……ちゃん」

ふいに〝固まり〟の向こうから、妹の声がした。

「由紀《ゆき》?　由紀なのね。大丈夫?」

「お姉ちゃん。……痛いよ」

「どこ?　どこが痛いの?」

「足と胸。それからお腹も痛いの」

いったい何があったんだろう。爆発?　それとも飛行機が落ちた?　(まさか戦争……?)

何もわからない。わたしは確かにぐっすりと眠っていた。その眠りが突然の衝撃で吹き飛ばされた。それだけしかわからない。そして、小学校二年生の妹もこの暗闇にいる。

「由紀、お母さんは?」

「ここにいるけど、動かないの。返事してくれないの」

一瞬、いやな考えがわたしの脳裏を横切る。

「お、おかあさんはきっと、気を失っているだけよ。……ああ、あたしも頭が痛い……」

いきなりの激しい頭痛。体も熱い。それと同時に、急に眠気が襲ってきた。


顔に冷たいものを感じて、目が覚めた。

「何だろう」

手をかざしてみると、その手にポトリと落ちる。水だった。少し体をよじると、ちょうど口の中へ落ちてくる。ほてった体には、何よりもありがたい贈り物だった。

「ああ、おいしい。……そうだ、由紀は? 由紀! ねえ、大丈夫? 由紀!」

「お……ねえちゃん。体が熱い。のどが……かわいたよう」

この前聞いたときより、ずっとか細い声だった。わたしは少しずつでも何とか水が飲める。けれど、この水を由紀に届けてやる方法がない。

「もうちょっと。もうちょっとで助かるからね」

こんな何の根拠もない言葉で、勇気づけるしかなかった。そしてその後で、わたしはおそるおそる尋ねた。

「ねえ、由紀。おかあさんは?」

「全然動かない。返事もしてくれないの」

それ以上のことを聞くのが怖かった。

「ねえ、おねえちゃん。……歌、歌って」

〈なぜ?〉わたしは少し戸惑いながらも、由紀の好きな歌を、かすれた声で歌った。

♪　緑のそよ風、いい日だね。ちょうちょも　ひらひら　豆の花　♪

「ありがとう、おねえちゃん。……ありがとう……」

由紀の声が、ほとんど聞き取れなくなった。

「由紀!　しっかりしてよ、由紀!　ねえ、由紀ってば!」

ついに返事がなくなった。わたしは絶望のどん底にたたき落とされる。

と、その時だ。遠くの方で、かすかに人の声がした。最初は〝そら耳〟かと思ったが、決してそうではなかった。時々だが、話の内容まで聞き取れることがあるのだ。そしてその声が、少しずつ近づいてくる。さらに、サイレンの音。大きな機械のうなる音。

「助けが来たんだ！　由紀！　助かるよ、由紀ってば！」

けれど、再び由紀から返事の返ってくることはなかった。

「ここにだれかいるぞ。お〜い、聞こえるか！」

頭のすぐ上で、はっきりとそんな声が聞こえた。

「はい。ここにいます。わたしと妹と母がいます」

間もなく、わたしと外の世界とを隔てていた、巨大なコンクリートの壁が崩され、まぶしい太陽の光が、わたしの瞳をズキッと射抜いた。

だれかの強い力でわたしは抱きかかえられ、そして救出された。


あの日、あの時刻。一九九五年一月十七日、午前五時四十六分。阪神淡路大震災の朝だった。戦慄の震度6は、後に震度7と上方修正される。死者総数六五六六人。

静かで平和だった人々の間に、数知れぬ別れが突然訪れた。親を失った子ども。子どもを失った親。知人、親戚、友だち……。自然災害と言ってしまえばそれまでだが、持って行きどころのない怒りは、多くの人々を失意のどん底にたたき落とした。

自然……。それはわたしたち人間などが到底手の届かないところに、厳然と存在している。

しぐれ堂

オレンジ色の空に闇がまぎれこみ、家々に明かりがともり始める。こんな時間帯を、〝逢魔《おうま》が時《とき》〟、そう呼ぶことがある。

ある秋の日の逢魔が時、静かな雨が降った。ぼくは学校の帰り道。こんな日は、近道をするに限る。

「あれっ、こんな店、あったかなあ」

この道は何度か通ったはずなのに、ぼくにはその店の記憶がない。細い路地の突き当たりに、その古い店はあった。

「しぐれ堂……か。何を売っている店なんだろう」

ぼんやりとした興味に誘われ、ぼくは店のガラス戸を開けた。

「こんにちは。中を見せてください」

声をちょっとひそめて言った。返事がない。

「あの〜、すいません！」

声のボリュームを上げたら、奥からひとりのおばあさんが、のっそりと出てきた。

「店の中が見たい？ ああ、好きにおし」

その言葉に甘えて、ぼくは所狭しと並べられた品々を見て回った。緑色に光るガラス玉。燃え上がるようなまっ赤な花ビン。海の底から削り取って来たような深い青のグラス……。

「道草かい。まあ、それもいい。それより何かおもしろいものでもあったかい？」

背中でおばあさんの、しゃがれた声がした。

「えっ、は、はい。なんだか不思議な感じのするものばかりで……」

確かに興味をそそられるものばかりだったが、それ以上に気になることがあった。

「このお店、前からありましたか？」

「ああ、あったとも。ただし……」

と、そこまで言って、おばあさんはひどくせき込んだ。ぼくは、これ以上ここにいるのは申し訳ない気がして店を出た。その夜、描きかけた図工の絵を、「しぐれ堂」に置いてきてしまったことに気がつく。（急ぐわけじゃないから、また明日、寄ってみよう）そう思って、その日はそのままにしておいた。

翌日、帰り道に昨日の場所に行ってみると、しぐれ堂はどこにもなかった。どこをどう探しても見つからない。

（おかしいな。どうなっちゃってるんだ、いったい）

ぼくはきつねにつままれたような気持ちで帰宅する。その日の夜は、夜半から雨が降り出した。

秋の長雨というやつか。翌日は目を覚ました時からずっと雨だった。帰り道も雨。しとしとと体にまとわりつくような、気分の悪い雨だ。

その日、雨のカーテンに包まれたしぐれ堂は、忽然と現れた。おそるおそる近づき、ガラス戸を開ける。

「あっ、あった！」

「来たね」

おばあさんは、ぼくを出迎えるように、そこに立っていた。

「おばあさん、この前はどこにもなかったんですよ、このお店」

そんなぼくの言葉を無視し、おばあさんは勝手に話を始めた。

「まあ、お座りよ。今、お茶でもいれるから」

なんというマイペース。ぼくの話なんて、まるで聞こうともしない。

「この店はね、戦争前からあるんだよ」

「戦争って……、第二次世界大戦ですか？」

ぼくはもうあきらめて、おばあさんの話につきあうことにした。お茶と豆大福も出てきたことだし。

「そうだよ。ひどい戦争だった。だけどこの店は、幸いなことに焼け残ってね。今年でもう七十二年になるんだ。あたしが生まれてまもなく、父親が始めたのさ」

七十二年！　どうりでやけにカンロクのある店構えだと思った。

「うまいだろう、その大福。巣鴨で買った〝塩豆大福〟だからね。それでさ……」

おばあさんの話は、まだまだ続いた。自分の生い立ち、両親のこと、この店のこと……。まるでひとつの歴史を、だれかの、いや、ぼくの耳の奥に刻み込もうとするかのように。

ひとしきり話したあとで、おばあさんはハアッと深いため息をつき、それから遠くを見るような目になった。

「苦労したんですね」

「苦労？　いっぱしのこと言うんじゃないよ。あたしゃ、苦労なんて何一つしてこなかったさ。何の苦労もしないままこの店をたたんじまうのが、ご先祖様に申し訳なくってね」

「たたむ？　このお店、やめちゃうんですか？」

「ああ、この細い路地にも商店街のアーケードが延びることになってね。そうしたらあんた、この店には雨が降らなくなるだろう？　だから、店じまいなのさ」

ぼくには、意味がさっぱりわからない。なのにそこから先はいくら尋ねても、何を聞いても、おばあさんはただささみしげな笑みを浮かべるだけで、何も答えてはくれなかった。

それからしばらく雨が降らなかった。つまり、しぐれ堂は現れなかったのだ。ぼくは、雨が降るのを待ちわびた。もう一度、あのおばあさんに会いたいのだ。会って聞きそびれたことを、しっかりとこの耳で聞きたかったのだ。

三週間ほどたったある日、ようやく雨が降った。学校の帰り道、〝逢魔が時〟にぼくはあの路地に走りこんだ。吐く息がかすかに白い。

「……ああ、ない」

思った通り、しぐれ堂はそこになかった。これが、現代の建築技術というのだろう。こんな短期間に、真新しいアーケードがすっぽりと細い路地を覆い尽くしていた。

（あの店はいったい、どこから来てどこへ行ったのだろう。そして、あのおばあさんは……）

ぼくの目は何気なく、しぐれ堂の横にあった電柱に向いた。

（ん？　なんだろう…）

何かの紙が電柱に貼り付けてある。近づいていくぼくの顔は、その十歩ほど手前で苦笑いになった。

「おばあさん、置いていってくれたんだね」

へたくそな絵。ぼくがあの日、しぐれ堂に忘れていった図工の宿題だった。

ジャッキーの見た夢は

「だめよ、うちじゃお父さんが大反対だから」

「だってお母さん、このままじゃ死んじゃうよ。お姉ちゃんからも頼んでよう！」

　ぼくが拾ってきたのは、雑種の子犬。下校の途中で見つけたんだ。こげ茶の体。鼻筋に通った白い毛並みが、なんかかっこいい。

「無理よ大祐《だいすけ》。お父さんの犬嫌いは、特別ひどいんだから」

　どうやらお姉ちゃんも、頼りになりそうにない。

「ねえ、いいでしょ。ぼくが散歩もさせるし、エサだってちゃんとあげるからさあ」

「あっそう。じゃあ、大祐がお父さんを説得できたらね。お母さんは知りませんから」

　冷たく言い放つお母さん。ようし、絶対にお父さんをウンと言わせてみせる！

時計が夜の七時半を指した頃、お父さんが会社から帰ってきた。

「お帰りなさい、お父さん。ビール飲む？　それともお風呂が先？」

いつもお母さんが言ってるセリフを、今夜はぼくが言う。

「ど、どうした、気持ち悪いな。……はは あ、さては何かおねだりだな」

ばれてる。と、その時だ。お勝手口の裏で、「キャンキャン」とあいつの声がした。

「なんだ、今のは。まさか犬じゃないだろうな」

まさかこんなに早く見つかるとは。この後には、「お肩もみもみ作戦」とか、「ビールおつぎしましょう大作戦」を予定してたのに。ぼくは裏口へ走り、あいつを抱いてきた。

「ねえお父さん、かわいいでしょう？　こいつ、ひとりぼっちで捨てられてたんだ。名前は、……ええと、ジャ……、ジャッキー！　そう、ジャッキーっていうんだ」

どこから出てきたんだ、そんな名前。とっさに出てきた名前だった。とにかくここは、お父さんに反撃の暇を与えずに、一方的にしゃべりまくっちゃおうって作戦だ。

「だめだ！」

うっ、いきなり結論。作戦を進める暇もなかった。

「大祐だって知ってるだろう、お父さんの犬嫌いは。うちで犬は飼えないんだ！」

ふん、そんなこと言ったって、いざとなれば許してくれるさ。大丈夫、大丈夫。ところがちっとも大丈夫じゃなかった。次の日、目を覚ましたら、もうジャッキーはいなかった。お父さんが今朝早く、ジャッキーを捨てに行ってしまったんだ。

「ひどいよ、お父さん。本当に捨てちゃうなんて」

ぼくは、くやしくて涙が止まらなかった。お母さんが、フッとため息をつく。

「お父さんって、右の手の甲に傷があるでしょう? あれって、犬にやられたの」

初めて聞く話だ。びっくりしているぼくとお姉ちゃんをチラッと見て、話を進める。

「大祐がまだ二歳になる前だったわ。公園を散歩していたら、一匹の犬がいきなり大祐に飛びかかってきたの。それをお父さんが必死に食い止めたのよ。その時にできた傷なの。泣いてる大祐に、お父さんは謝っていたわ。『おれがちゃんと気をつけていれば、大祐に恐い思いさせずに済んだのに』って。それからね、あんなふうになったのは」

お姉ちゃんが話に割りこむ。

「それまでは犬好きだったわよね。リキだっけ? あたしが小さい頃うちで飼ってた犬」

うちで犬を飼っていた? お父さんが犬好きだった? とても信じられない話だ。

やがて夜になり、雨の中をお父さんが帰って来た。

「あら、どうしたの？　そんなにぬれて。傘、持って行ったはずよね」

「い、いや、車に水をはねられちゃってね」

ぼくは絶対に文句を言ってやるつもりだった。けれど、お母さんのあの話が、ぼくの心にブレーキをかける。

「あら、いやだ。ちょっと何こぼしたの？」

見ると、スーツの下の方に白いシミができている。（牛乳？）ふと、そんな気がした。お父さんが駆け込むようにお風呂に入った頃、お勝手口の裏で「キュン」と声がした。

「ジャッキーだ！」

ぼくは転がるようにして外へ出た。そこにいたのは紛れもないあのジャッキーだった。

「お母さん、ジャッキーが帰ってきたよ。ジャッキーだよ！」

抱き上げたその口の周りに、白く牛乳のあとが残っている。お父さんは、「眠い」と言いながら、ぼくの話はひとことも聞かずに寝室へ行ってしまった。そしてその日から、ジャッキーは、わが家の一員になった。

「それにしてもわかんないな。どうしてお父さん、急に犬を飼ってもいいなんて思ったんだろ

う」

ぼくが首を傾げると、お母さんがフフッといたずらっぽく笑って言った。

「雨のおかげよ。ずぶぬれで震えている子犬を、お父さんが放っておけると思う？」

「は!?」

意味がわからない。まあ、何でもいいや。

ジャッキーはとても賢い犬で、人に飛びかかるどころか、無駄吠えさえも一切しなかった。それでいて、あやしい人物には猛然とほえかかり、番犬としての役目を完璧に果たす。ぼくも時々広場へ連れて行って、フリスビーなんかで一緒に遊んだ。家族キャンプにも行ったし、お姉ちゃんの優秀なボディガードでもあった。もう、どこから見ても、完全な家族の一員だった……。

時はあっという間に過ぎ去る。あれから十三年、ジャッキーはすでに老犬になっていた。そのジャッキーが、夕方の散歩途中で倒れた。リードを握っていたのはぼくだった。

「ジャッキー、ジャッキー！　死ぬんじゃない。死ぬんじゃないぞ！」

お母さんからの連絡を受けたお父さんは、会社を早退して、飛ぶように帰ってきた。

ジャッキーは今、家族のみんなに見守られ、最後の時を迎えていた。

「クウォーン……」

ジャッキーが弱々しい前足を伸ばしたのは、お父さんの手の平だった。

「……もういい。もういいよ、ジャッキー。がんばらなくてもいい。ゆっくりお休み」

ジャッキーは、お父さんの大きな胸の中で、ゆっくりと目を閉じた。心から安心しきった、幸せそうな顔だった。その時、ぼくは初めて知ったのだ。ジャッキーが一番心を開いていたのは、このお父さんだったのだと。

「ジャッキー、今、どんな夢を見てるんだろうね」

ぼくがそう言うと、お父さんはジャッキーの柔らかい背中をなでながら、つぶやくような声でこう言った。

「きっと一生のうちで、一番いい夢だと思うよ」

さよならジャッキー。……あの日と同じ雨が、静かに降っていた。

ラストメッセージ

まさかこんなことになるなんて、思ってもみなかった。ミニバス部キャプテンのわたしが、どうして入院なんかしなくちゃいけないの？　体力だけは、誰にも負けない自信があった。カゼだって、めったにひいたことがなかった。そりゃ、ケガはよくしたけど……。

「さあ、ここが七海《ななみ》ちゃんの病室よ。きれいなお部屋でしょ？」

女の看護士さんは、そう言ってわたしの背中を軽く押した。

【紫斑病《しはんびょう》】それがわたしの病名。どこもぶつけていないのに、勝手に内出血をしてしまう。

つまり血の病気で、これにはいろいろな原因が考えられるらしい。

「あたし樹里《じゅり》。よろしくね」

いきなりあいさつされた。ここは二人部屋。つまりこの人は〝部屋の先輩〟というわけだ。

看護士さんが、優しい声で説明してくれた。

「東《ひがし》樹里さんよ。今年、高校二年生。中学時代は陸上の選手で、全中（全国中学校選手権）に出たこともあるんだから」

「そういうこと。だから、何でも頼りにしてちょうだいね。どうぞよろしく」

そう言って〝樹里さん〟は、グイッと力こぶをつくってみせた。なんか、すごくパワフルな人。わたし、圧倒されそう。


「なーんだ、紫斑病かあ。治る治る、そんなの。あたしが吹っ飛ばしてあげるよ」

樹里さんは、わたしの病気を「軽いもんだ」と笑い飛ばした。

「樹里さんは、何の病気で入院してるんですか?」

「あたし? あたしも同じ血の病気よ。まあ、あたしのもたいしたことないんだけどね」

そう言って、また楽しそうに笑う。何だかこの人といると、本当に病気なんか吹っ飛んでいっちゃいそう。薬の副作用ですっかり抜けてしまった髪の毛にも、「涼しくていいわ」と、平気な顔だ。

「陸上部で、何やってたんですか?」

「はは、『何やってた』か。小学生らしい質問の仕方ね。『砲丸投げ』よ。わかる？」

それくらい、わたしにだってわかる。あの、重い鉄の玉を遠くにぶん投げる競技でしょ。テレビで何回か観たことがある。……だけど選手はみんな、男の人みたいなガッシリした体をしてた。なのに今、わたしの目の前にいるこの人は、まるで枯れ枝みたいに細い。ガリガリもいいとこだ。砲丸投げをやってたなんて、本当の話なのかなあ。

最初の夜が来た。病院の消灯は早い。九時になったら、もうまっ暗にされちゃう。

「眠れるかなあ。わたし、いつもだったらまだテレビ観てるし」

「大丈夫。案外眠っちゃうもんよ。まあ、あたしも入院した時は同じ事を考えたけどね」

ひとことふたこと会話をしたら、もう樹里さんは軽い寝息を立て始めた。うーん、これ、先輩のカンロクってやつかしら。

いつの間にか眠ってしまったわたしは、聞き慣れない声と音で目が覚めた。

「樹里さん？　大丈夫？　……樹里さん！」

薄暗い病室の明かりに、ベッドの上でのたうち回る樹里さんの姿が浮かび上がった。

「あ、頭が痛い。手が、手が痛い。足が痛い！」

わたしがナースコールをする前に、二人の看護士さんが病室にかけこんできた。

「樹里ちゃん、大丈夫よ。寒い？　わかった、わかった。すぐ治まるからね」

そこへ先生が入ってきて、素早い動作で注射を打った。すると間もなく、樹里さんはまた寝息を立てて眠った。わたしはもう、びっくりして、声も出なかった。先生が二人の看護士さんに小声で言う。

「やっぱり個室へ戻そう。進行が止まっていない」

わたしが樹里さんの病名を尋ねても、笑ってごまかすだけ。完全に子ども扱いだ。次の日、樹里さんは個室へ移っていった。わたしに「めげんなよ」という言葉と笑顔を残して。

わたしの病気は思ったよりも軽く、それから間もなく退院することができた。

「七海、あなた宛てにFAXが届いてるわよ」

退院したわたしを家で待ちかまえていたのは、樹里さんからのFAXだった。

【退院、おめでとう。あたしもどんどんよくなってるから、そのうち七海ちゃんを追い越すわよ】

病院の中じゃケータイが使えないから、メールはできない。きっと看護士さんに頼んで、FAXを送ってもらったんだ。

退院はしたけれど、体調は決してよくなかった。出血するとなかなか血が止まらない。だから、できるだけ静かに過ごすしかない。以前のように、外で元気に遊べるとばかり思っていたのに、毎日家の中に閉じこもってる。これじゃ気分もどんどん沈んでいく。

そんな時、また樹里さんからＦＡＸがきた。むしゃくしゃした気持ちを返信すると、またＦＡＸがくる。

「元気っていうのは、なるもんじゃなくて、出すものなんだ。あたしの退院が決まったら、お尻をけっ飛ばしてやるから待ってなさい」

いつもいつでも励まされる。この分じゃ本当に、樹里さんに追い越されそう。けれどそれからしばらくの間、樹里さんからのＦＡＸが来なくなった。

「気になるなあ。まさか……」

幸いここのところ、体の調子は上向きだ。わたしは母に付き添われて、久しぶりに病院をたずねた。とんでもない衝撃が、わたしを待ちかまえていることも知らずに……。

「う、うそでしょう？　樹里さんはどこ？」

樹里さんのいたベッドにはだれもいない。テーブルの上で薄紫の花が一輪ゆれていた。

「なんで？　どうして死んじゃったの！　あたしのお尻をけっとばすっていう約束は、どうなったのよ！」

　あたしはワッとベッドに泣き伏した。と、そのお尻をだれかがポンとけった。

「ほら、約束守ったよ」

　ふり向いたあたしの目に映ったのは、なんと樹里さん。

「七海ちゃんちのＦＡＸ番号を書いたメモ、なくしちゃってさあ。『まあ、いっか』って感じでいたわけよ。あたしももうすぐ退院だしね」

　あたしはガクッと力が抜けて、もう一度ベッドに突っ伏した。

「来週、退院なんだ。退院祝いは……、カツ丼の大盛りがいいかな？」

　次の週、あたしは本当にカツ丼の大盛りをおごらされることになった。

二人のソラ

わたしは、いやな気分になった。だって、とんでもない転校生がやって来たから。

「青木《あおき》空《そら》です。千葉県から来ました」

おおっ、というどよめきと笑いが同時に起こる。

「あれえ、『アオキソラ』って、どこかで聞いたなあ」

またまた笑い。「青木空」っていうのは、わたしの名前。そしてあっちは男子。なのに同姓同名。字まで同じなんだから、いやになっちゃう。

「あ、初めまして。よろしく」

へんなやつ～。わざわざわたしのとこへ来て、挨拶なんかしてる。

「どうも」

わたしは、軽く無視。どうだっていいの、こんなやつ。なのにその日の五時間目……。

「社会のテスト返すぞ。百点はたったの二人だ、たったの二人」

先生が、いやみったらしく三時間目にやったばかりのテストをピラピラさせる。どんどんと名前が呼ばれ、先生がこっちに向き直った。

「まだ返されていない人が百点」

やった。これで連続五枚の百点だ。……えっ、でも二人？　あと一人ってだれだろう。

「一人目。青木空」

「はい！」

二つの声が重なった。やだ。もう一人って、今朝転校してきたばかりのあいつ？　みんなが一斉に、わたしとあいつの顔を見る。

「やれやれ、W青木空がW百点か。あとのみなさんはどうしましたかな？」

いやな言い方。それにしてもあいつ、いきなりやったテストで百点なんて、なかなかやるわね。ふん、ライバル出現ってわけか。面白いじゃない。

それからも、あいつはテストで高得点を取り続けた。わたしはあいつなんかに負けたくなくて、今まで以上に勉強した。わたしがあいつに負けたくないわけ？　それは、あいつがちっとも勉強しないやつだから。サッカー部にも入って、朝練、放課後の練習って、頑張ってる。休み時間だって目一杯遊んでるし、部活がないときは、友だちと待ち合わせて、遊び回ってる。そんなやつに、絶対負けたくないの。

ある日、先生が帰りの会で言った。

「明日は、テストを三枚やるぞ。だんだん通知票が近くなってきたからな〜」

いやみったらしい言い方は相変わらずだけど、この言葉にわたしは燃えた。

「あ、空子《そらこ》。係の新聞、今日中にやっとかなくちゃ。放課後、残れる?」

少し前からみんな、わたしのことを〝空子〟、あいつのことを〝空男《そらお》〟って呼ぶようになった。区別するためって言うけど、センス悪いったらありゃしない。

「ごめん。今日はちょっと用事があるんだ。任せるから好きにやっといてよ」

なんちゃって。実は明日のテストに備えるためよ。図書係の仕事なんて、だれがやったって同じ。第一、テストの前日にやろうっていう方がおかしいんだ。

わたしは急いで帰り、机に向かった。

テストの結果は、みごと三枚とも百点。あいつは一枚、ミスがあって九十五点をとった。わたしの勝ち！

あいつがわたしとは違うG学習塾へ通ってることを知ったのは、それから間もなくのことだった。なあんだ。どうりで成績がいいと思った。だけど、そのG学習塾に通ってる友だちから、「空男は、親に無理やり行かされてるみたいだし、週に一、二回しか来ていない」って聞いたときはしゃくだったけどね。

ある日、わたしが塾へ行く途中で、あいつとバッタリ出会った。いつもより、緊張した顔。こんなあいつ、見たことない。

「ずいぶん気合い入ってるじゃない。あんたらしくもない」

「ああ、今日は大事な模試があってな。これだけはどうしてもいい結果を出したいんだ」

こいつがこんなに真剣になるなんて、いったいどんな模試なんだろう。

「そう。頑張ってね。わたしは別に気合いなんか入れなくたって、平気だけどね」

そう言って、駅の階段へ向かおうとするわたしの腕を、あいつがギュッとつかんだ。

「痛い。何するのよ」

「お前さあ、つっぱるのもいい加減にしろよ。可愛くないぞ」

「何よ、その言い方。あんたに関係ないでしょう」

わたしはあいつの腕を振り払い、階段をかけのぼった。と、その時だった。

「あっ!」

わたしは勢い余って、階段を踏み外した。

「痛!」

ひざにものすごい痛みが走った。押さえた手がぬるっとする。

「わ、血だ!」

わたしがおろおろしていると、だれかがすごい勢いで階段を駆け上がってくる。

「大丈夫か、空子!」

あいつだった。んもう、こんな時まで、あだ名で呼ばないでよ。

「足が動かせないの」

「骨をやられたかも。……よし、駅長室まで行こう。

おれにおぶされ」

なに、ばかなこと言ってるわけ？　そんなことできるわけない……。わわっ、あぶない。わたしは、ひょいとあいつの背中に乗っていた。

「やめてよ。ねえ、降ろして。恥ずかしいじゃないの」

「ばか。そんなこと言ってる場合か。あ、駅員さ〜ん！」

ちょうど向こうから駅員さんが走ってきた。だれかが知らせてくれたらしい。わたしは駅長室で応急処置を受けた。やっぱり骨かもしれないと、駅長さんが言った。その駅長さんの隣には、あいつがずっと……。

「えっ、あんた今日、大事な模試があったんじゃないの？　ばかね。早く行きなさいよ」

そんなわたしのおでこに、あいつはコツンとデコピンをした。

「ばかなのはそっちだ。どっちの用事が大切か、考えなくてもわかるだろう」

「試験よりも大事なもの……？」

ふと見上げたあいつの顔に、胸がキュンと鳴ったのはなぜ？　わたしはいつしか、ひざの痛みを忘れていた。

著者▲山口　理（やまぐち　さとし）
東京都生まれ。大学卒業後、教職の傍ら執筆活動を続ける。のちに、執筆活動に専念。児童文学を中心に、様々なジャンルでの執筆を続けている。主な作品に『かけぬけて、春』（小学館）『あたしが桃太郎になった日』（岩崎書店）『河を歩いた夏』（あすなろ書房）『エリアは北へ』（アリス館）『それぞれの旅』（国土社）『父と娘の日本横断』（ポプラ社）『風のカケラ』（汐文社）『それいけ、はっちょ！シリーズ』（文研出版）『教室で語り聞かせる　こわ〜い話』『5分間で読める・話せる　こわ〜い話』『準備いらずのクイックことば遊び』（いずれもいかだ社）など多数。児童書だけでなく、一般・教師向けの著書も多い。現在、日本児童文学者協会理事。日本ペンクラブ会員。更に本業以外にも、日本ブーメラン協会監事、日本くるま旅協会会員など、遊び人の肩書きも豊富。

イラスト▲永吉カヨ（ながよし　かよ）
大阪生まれ。広告代理店でのイラストのアルバイトをきっかけに上京。学習雑誌・テキスト・絵本の挿し絵など幅広く活躍。
現在、八ヶ岳の中腹にアトリエを構え、創作活動を続けている。

編集▲内田直子
ブックデザイン▲渡辺美知子デザイン室

教室で話したい　出会いと別れの話

2007年3月12日　第1刷発行

著　者●山口 理©
発行人●新沼光太郎
発行所●株式会社いかだ社
〒102-0072 東京都千代田区飯田橋2-4-10 加島ビル
Tel. 03-3234-5365　Fax. 03-3234-5308
振替・00130-2-572993
印刷・製本　株式会社ミツワ

乱丁・落丁の場合はお取り換えいたします。
ISBN978-4-87051-202-3